옷은 나

내 몸 내 마음 내 피부

나의 분신

김유선

영화 의상감독/의상 디자이너.
30년간 60여 편의 한국 상업영화의 캐릭터 스타일을 창조했다.
영화 마니아로서 작품을 대하는 진정성과 영화의상에 대한 남다른 철학, 특유의 감각으로
독자적인 스타일을 구축해 왔다. 의상의 디테일 하나하나에 의미를 부여해 캐릭터에
진정성을 불어넣으며, 캐릭터를 창조하는 영상언어로서 의상의 예술적 가치를 높이기 위해
끊임없는 창조 작업을 하고 있다.
2019년 사람과 지구를 생각하는 지속 가능한 브랜드 YOU*SUNNY를 론칭,
지속 가능한 의생활을 제안하는 친환경 의류 '옷 위에 입는 옷' 유써니*커버를 창조했다.
나아가 삶의 중요한 가치에 관한 이야기로 소통하고자 한다.

옷에 관한 거의 아무것도 아닌 이야기

김유선

오월의여왕

머리말

나의 최초의 기억은 옷에 관한 것이다.

    서너 살 때였던 것 같다. 뽀로통한 표정으로 아빠에게 떼를 쓰고 있는 아이는 길에 멈춰 선 채 두 손으로 아빠의 손을 잡아당긴다. 어린 아이가 무슨 힘이 그리 센지 아빠는 걸음을 떼지 못한다. 한참을 그러다 힘에 부치자 울음을 터트리는 아이. 젊은 아빠는 아이를 달래느라 애를 먹는다.

    "그래그래. 그 옷은 다음에 사줄게. 뚝."

    나는 아빠가 내가 마음에 들어 하는 옷을 사주지 않아 심통을 부렸다.

    인형놀이를 좋아했던 기억도 난다. 종이인형에 옷을 그려 입히고 마론 인형의 옷을 갈아입히며 놀았다. 어떤 옷을 입힐까? 알록달록 예쁜 옷들과 앙증맞은 구두들을 입히고 신기는 재미가 있었다. 어설픈 바느질 솜씨로 인형 옷을 만들어 입히기도 했다.

    내가 아끼던 옷을 언니가 몰래 입고 나가서 한바탕 난리 났던 기억…….

    이 글은 옷에 관한 이야기다.

    옷 이야기를 한다는 것은 나에게는 쉬운 일이면서도 어려운 일이다.

    옷은 나에게 중요한 존재다. 옷은 언제나 나에게 창작의 무한한 동기를 부여한다.

'옷에 관한 거의 아무것도 아닌 이야기'

 이 책은 아빠의 유품인 장 도르메송의 철학소설,
『거의 모든 것에 관한 거의 아무것도 아닌 이야기』(1997,
문학세계사)에서 영감을 얻었고 제목을 가져왔다.
 '아무것'이라는 대명사는 특별히 정해지지 않은 어떤 것 혹은
대단하거나 특별한 어떤 것을 의미한다. '아무것도 아닌'은 '아무것'을
부정하는 말이다. 거기에 어느 한도에 매우 가까운 정도의 의미를 가진
'거의'가 붙어 어딘지 혼란스럽고 모순적인 말이지만 마음에 들었다.
삶이(나란 인간이) 모순적이어서 일까.

 이 책은 삶의 필수 요소로서의 '옷'의 존재와 본질, 근본적인 의미와
가치에 초점을 두고 쓴 철학 에세이다.
 삶에서 중요한 가치를 생각해 보았다.

 존재. 사랑. 소통.
 옷에는 이 단어들의 의미가 담겨 있다.
 이 글은 옷과 함께 삶의 가치를 찾아 나서는 여정으로, 일반적인
에세이 형식을 벗어나 그간의 기록들과 그때그때 생각했던 것들을
떠올리며 자유롭게 쓴 것이다.

 이 글을 쓰게 된 이유는, 어쩌면 옷(삶)에서 자유로워지기 위해서.
그리고 아빠를 기억하며.

2025년 3월 김유선

	머리말	4

	프롤로그	11
	옷의 양면성 : 긍정과 부정	

옷은 나	15	내 옷/ 내 옷 목록/ 옷 입기는 힘들다/ 잘 때 입는 옷/ 색/ 본질은 변하지 않는다/ 다 좋다

그	43	그 사람의 옷/ 통념과 태도 그리고 본능에 관한 질문/ 호감과 비호감/ 매력/ 그, 그녀

날개	59	디자인이 좋은 옷, 좋지 않은 옷/ 단순함에 대하여/ 옷을 잘 입는다는 것에 대하여/ 변화/멋

사랑	97	사랑/ 설렘/ 만남과 감정/ 추억/ 선물

소통	129	감각/ 옷을 입는 이유/ 유혹/ 표시/ 규칙에 대하여/ 패션/ 옷의 진화와 혁신/ 소유에 관하여/ 쓰레기/ 창작노트/ 나의 지속 가능한 의생활/ 미래의 옷

	에필로그	179
	몸	

	맺음말	184

	저자소개	188

옷은 인간 최초의 창조물

옷은 나. 옷은 너. 옷은 소유. 옷은 생각. 옷은 감정.

옷은 성격. 옷은 취향. 옷은 인상. 옷은 태도. 옷은 본능.

옷은 신념. 옷은 표현. 옷은 개성. 옷은 날개. 옷은 멋.

옷은 본질. 옷은 가치. 옷은 정체성. 옷은 시간. 옷은 성장.

옷은 자유. 옷은 구속. 옷은 해방. 옷은 영감. 옷은 예술.

옷은 방식. 옷은 문화. 옷은 전통. 옷은 역사. 옷은 연결.

옷은 소통. 옷은 추억. 옷은 이야기. 옷은 꿈. 옷은 환상.

옷은 낭만. 옷은 열정. 옷은 욕망. 옷은 유혹. 옷은 설렘.

옷은 사랑. 옷은 행복. 옷은 희망. 옷은 기쁨. 옷은 이상.

옷은 보호. 옷은 생명. 옷은 에너지. 옷은 힘.

옷은 시작. 옷은 끝. 옷은 삶.

프롤로그

옷은 생명의 필수품.
체온을 유지시켜 준다.

옷은 삶의 필수품.
눈, 비, 바람, 추위와 더위, 자외선 등 자연과
미세먼지, 오염, 사고 등 물리적 위험으로부터
신체를 보호해 준다.

옷은 삶의 필수품 그 이상이다.
옷은 삶의 의미와 가치를 부여한다.
옷은 삶의 즐거움. 에너지. 활력소.
옷은 삶의 원초적 존재. 본능. 욕망.
태어나고 자라고 아프고 소멸하는 옷.
태어날 때, 결혼할 때, 죽을 때 함께하는 옷.
옷은 인생.

옷의 양면성 : 긍정과 부정

옷은 나를 감싼다.
배려하고 포옹한다.

옷은 나를 지켜준다.
뜨거운 태양과 비바람,
눈보라 속에서

옷은 낮과 밤
빛으로 어둠으로
표면은 빛나지만
깊이는 모호하다.

시선과 의식, 과시와 억제
안정과 긴장, 기쁨과 고통
희망과 절망, 덧없는 욕망
고상한 허영, 공허한 외침
자유로움과 구속의 경계
과감함과 소심함
자부심과 수치심
화려함과 초라함
균형과 불균형

옷은 좋은 친구
달래주고 위로한다.

옷은 나쁜 친구
바보처럼 무너뜨린다.

나는,
옷 속에 숨는다.
나를 감춘다.
잃어버린다.

옷은,
나를 찾는다.
보여준다.

나에 대해 말을 하겠다고 고집부리는 사람처럼 나를 성가시게 하는 것도 없다. 대체 누가 나에 대해서 입을 놀리는가? 그건 바로 나인 인간이다. 누가 인간을 놓고 이러쿵저러쿵하는가? 그건 사람들이다……. 나는 시시각각 변한다. 나는 아주 조금 변한다. 나는 아주 조금 그리고 재빨리 변신한다. 나에 대해서 사람들이 말하는 것은 모두가 이미 과거지사다. 인간은 언제나 인간이다. 그리고 인간은 현재의 그가 결코 아니다. 당신은 내가 지금 무슨 말을 하는지 아는가?✣

✣ 장 도르메송 『거의 모든 것에 관한 거의 아무것도 아닌 이야기』 제4장 인간의 독백 중에서, 유정희 옮김, 1997, 문학세계사

옷은 나

옷은 나. 내 몸. 내 피부. 내 가슴. 내 엉덩이. 내 팔과 손.

내 다리와 발. 내 머리. 내 생각. 내 마음.

옷은 나의 성격. 나의 취향. 나의 감각.

나의 자존감. 나의 신념. 나의 가치. 나의 정체성.

나의 이미지.

옷은 나의 상태. 나의 기분.

옷은 나와 함께하는 나.

나의 분신.

나의 힘.

옷은 나

내 옷

내 옷은 평범하다. 색은 단조롭다. 거의 무채색에 가깝다.
    나는 눈에 띄는 것을 좋아하지 않는다. 특히 옷으로 주목받는 것을 그다지 즐기지 않는다.
    내 옷은 평범하다. 그러나 내 옷은 평범하지 않다.
    내 옷은 특별하다. 내 옷은 평범하지만 특별하다.
    모순적으로 들리겠지만 내 옷은 그렇다.

    내 옷은 편안한 옷이다. 무겁지 않고 가벼운 옷이다. 자유롭고 안락한 옷이다.
    내 옷은 단순한 옷이다. 복잡하지 않고 간단한 옷이다. 불필요한 요소나 장식적인 것이 없는, 군더더기가 없는 옷이다. 과하거나 요란스럽지 않은 조용한 옷이다.
    내 옷은 입는 사람을 배려한 옷이다. 재료가 좋고, 디자인의 세심한 흔적이 보이는 옷이다. 내 옷은 핏이 좋은 옷으로, 체형을 돋보이게 하는 옷이다.
    내 옷은 실용적인 옷이다. 여러 활동에 알맞게 입을 수 있고 관리가 편한 옷이다. 꼭 필요한 기능이 있는 옷이다.
    내 옷은 성을 강조하지 않는 옷으로, 중립적이며 안정적인 옷이다.
    내 옷은 개념적인 옷이다. 사람과 동물, 자연, 환경을 생각한 옷이다. 윤리적이며 지속 가능한 옷이다.
    내 옷은 시간을 초월한 멋이 있는 옷이다. 패셔너블하기 보다는 클래식한 옷이다. 내 옷은 싫증나지 않는다. 내 옷은 시간이 지나도 변함없이 가치 있는 옷이다. 그래서 빛이 나는 옷이다.

    내 옷은 존재감이 크지 않지만, 그래서 관심을 끌지는 못하지만 나의 감각과 생각이 투영된 내 옷은 나만의 색이 있다.
    나의 시간이 묻어 있는 내 옷은 나의 일상이며 나다.
    내 옷은 나와 하나다.

옷은 나

*

내 옷은
단순하고 밋밋하다. 지루하고 답답하다.
무미하고 건조하다. 단조롭고 재미없다.

내 옷은
단순하지도 밋밋하지도, 지루하지도, 답답하지도,
무미하지도, 건조하지도, 단조롭지도, 재미없지도 않다.

내 옷은
깔끔하다. 간결하다. 담백하다. 차분하다. 고요하다.
편안하다. 성실하다. 겸손하다. 조화롭다. 지혜롭다.

내 옷은
보수적이다. 실용적이다.
체계적이다. 고집스럽다.

내 옷은
본질적이다. 개념적이다.
논리적이다. 창의적이다.

내 옷은 섬세하다.
내 옷은 과감하다.
내 옷은 평범하다.

내 옷은 특별하다.

내 옷은 무채색.
가끔은 파랑
가끔은 빨강
가끔은 초록
가끔은 핑크

내 옷은 유니크하다.
내 옷은 아름답다.
변함이 없다.

옷은 나

내 옷 목록

우선 가장 즐겨 입는 티셔츠들이 있다. 색은 흰색, 회색, 검은색, 카키색, 베이지색 등 무채색 계열이 대부분이다. 분홍색, 빨간색, 녹색 등 컬러풀한 색도 있다. 나는 옷감을 중요하게 생각하기 때문에 내 티셔츠들은 옷감이 좋다. 질 좋은 면, 배합이 잘된 합성섬유, 품질 좋은 폴리에스터와 레이온, 기능성 옷감으로 만든 것들이다. 디자인은 단순하다. 단순하지만 디테일이 있다. 네크라인, 실루엣, 길이 등에서 미묘한 차이가 있다. 좋은 옷감과 디테일이 있는 내 티셔츠들은 상황에 따라 다양하게-평상시에는 캐주얼하게, 특별한 날이나 공식적인 날에는 격식있게, 운동할 때는 편하게 입을 수 있다.

    그리고 셔츠류와 니트류가 있다. 면, 리넨, 실크, 시스루 등 좋아하는 옷감 별로 있고, 겨울에 입는 울, 캐시미어 스웨터와 카디건 등이 있다.

    바지는 핏과 길이에 따라 스트레이트, 스키니, 와이드, 7부, 9부 등의 바지가 있다. 소재는 면, 데님, 폴리에스터, 나일론, 리넨, 코듀로이, 울 등 실용성과 기능성을 갖춘 것을 중심으로 다양하게 있다.

    치마는 색상, 무늬, 소재, 소재에 따라 디자인의 범위가 넓은 편이다. 미니, 내추럴, 미디, 맥시, 롱까지 다양한 길이와 꽃무늬, 줄무늬, 물방울무늬, 기하학무늬 등과, 면, 마, 실크, 울 등 다양한 옷감으로 된 것들이 있다.

    원피스는 불편해서 잘 안 입게 되지만 위아래 맞추는 데 신경 쓸 필요가 없고 셋업 느낌이 있어서 좋은 점이 있다. 주로 여름과 봄/가을용으로 면, 리넨, 폴리에스터로, 단색 혹은 클래식하면서 무늬가 있는 원피스가 있다. 디자인은 역시 단순하다.

셋업 정장은 검은색 더블브레스트 테일러드 재킷 바지정장이 있다. 공식적인, 격식을 요하는 자리에 착용하는 옷이다.

재킷은 봄/가을용으로 면이나 울, 폴리에스터 재킷, 여름용으로 리넨 재킷, 겨울용으로 모직, 벨벳 재킷 등 캐주얼 재킷과 세미 정장 재킷이 있다.

점퍼류는 데님 점퍼, 후드 점퍼, 집업 점퍼 등 용도와 디자인별로 있다.

트렌치코트는 면 소재 아이보리색 숏, 베이지색 하프, 네이비색 하프, 푸른빛이 나는 차콜색 롱, 검은색 롱코트가 있다.

코트는 모직 소재 밝은 회색 하프, 칼라가 회색으로 배색된 베이지색 숏, 카키색 롱, 검은색 롱코트가 있다. 그리고 패딩으로 된 점퍼와 롱코트가 있다.

운동복은 반바지, 요가복, 수영복, 사이클복, 트레이닝복이 있다.

속옷은 단순한 디자인이 대부분이다. 와이어가 없는 브래지어와 심리스 팬티 등 몸을 조이지 않는 디자인으로, 색은 주로 무채색 계열이다. 하늘색, 살구색 등 은은한 색과 컬러풀한 색도 있다. 소재는 거의 순면으로 된 것들이지만 나일론, 폴리우레탄, 라이크라 등 기능성 소재로 된 것들도 있다.

실내에서 입는 옷으로 로브(robe)도 있다. 계절과 용도에 따라 샤워 후 입는 타월지로 만들어진 로브, 봄/가을 실내용 면 로브, 겨울 방한용 기모 로브가 있다.

신발은 스니커즈, 로퍼, 하이힐 , 단화, 운동화(러닝용, 워킹용), 워커, 샌들, 앵클부츠, 롱부츠, 등산화, 작업화(영화 현장용)가 있다. 슬리퍼,

플립플랍(flip-flop)도 있다. 그리고 디자인이 독특한 신발이 있다.

    가방은 가볍고 실용적이며 어느 옷에도 어울리는 숄더백과 에코백, 백팩이 있고, 정장을 입을 때 드는 클래식한 핸드백이 있다.

    액세서리는 스카프와 면, 리넨, 실크, 울 소재로 된 머플러가 있다. 복잡하고 거추장스러운 것을 싫어해서 잘 하지는 않는다. 벨트는 캐주얼한 것과 정장용이 있다.

    선글라스는 평상시에 쓰는 것과 운전용, 사이클용이 있다.

    모자는 캡 모자, 등산 모자, 겨울철 니트 모자가 있다.

    그리고 시계는 스마트워치가 있다.

옷 입기는 힘들다

아침.

    샤워를 한다. 머리를 말린다. 화장을 한다.
    여기까지는 짧은 시간에 가능하다. 이때는 생각이란 것을 하지 않아도 된다. 몸에 배어있는 일이기 때문이다.

    옷장 문을 연다.

    '뭘 입지?'

    사실 어제 잠들기 전까지 생각했다. '내일 뭘 입지?'
    날씨 앱을 열어본다. 영하 7도. 맑음. 밤에는 눈.
    오랜만의 외출이다. 차려입고 싶다.
    뭘 입지?
    옷장에 걸린 옷들을 하나씩 꺼내 거울 앞에서 대본다. 치마를 입을까? 치마 하나를 골라 입고 상의를 고른다.
    밝은 색을 입고 싶다. 흰색을 입는다. 마음에 안 든다. 회색을 입는다. 마음에 안 든다. 검은색을 입는다. 마음에 안 든다.
    다시 흰색을 입는다.
    이번엔 치마가 마음에 안 든다. 치마를 다시 고른다.
    마음에 드는 게 없다. 어떡하지? 약속시간에 늦지 않으려면 이제 그만 나가야 한다. 가방도 챙기고 신발도 골라야 한다. 마음이 급하다.

옷은 나

다른 옷을 찾는다. 가방을 챙기고, 신발을 고른다.
마음에 안 든다. 다시 옷과 신발을 고른다.
결국 처음 입었던 옷으로 갈아입는다.

옷을 입을 때마다 자주 반복되는 일상이다.
특히 심한 날은 한참을 나갔다가 돌아와 다시 갈아입고 나가기도 한다(입었다, 벗었다 하느라 시간과 에너지가 소모되어 지친다). 그날 입은 옷이 마음에 들지 않으면 하루 종일 신경이 쓰인다.
입었을 때 뭔가 하나라도 거슬리는 부분이 있으면 집착하게 된다. 자주 입었던 옷인데도 이상하게 마음에 들지 않아 옷 입기가 힘든 날이 있다. 이유가 뭘까?
옷 입기는 한 번 꼬이기 시작하면 걷잡을 수 없다. 마음에 들 때까지 갈아입기의 끝없는 반복이 시작된다.

오늘은 뭘 입을까, 내일은 뭘 입지?
누군가가 옷을 골라 입혀줬으면 좋겠다.

*

그래서 나는 유니폼을 입는다.
　나만의 유니폼.
　요즘 유니폼으로 입고 있는 아이템으로는 캐시미어가 섞인 터틀넥 내의와 단순한 디자인의 검은색 숄칼라 울 카디건, 회색 라운드 네크라인 울 스웨터, 아이보리색 셔츠 칼라 울 카디건, 이너로 입는 숏 패딩 점퍼(공기가 들어가지 않게 몸에 밀착되어 보온력이 뛰어나다), 통이 넓은 도톰한 저지(Jersey) 바지, 차콜색 울 저지 스커트(롱, 미디엄), 회색/진한청색 데님 롱스커트, 검은색 모직 코트와 롱 패딩, 인조털 원단 컨버스화, 앵클부츠, 롱부츠가 있다.
　겨울에는 바지보다 울 스커트에 울 타이즈를 신고 롱부츠를 신는 것이 더 따뜻하다.
　계절별로 이렇게 아이템을 몇 가지 정해 놓고 그것들은 서로 조합해 유니폼처럼 입는다. 어떤 것끼리 조합해도 서로 다 잘 어울리는 것들이다.
　경조사용으로 입는 옷도 봄/가을, 여름, 겨울용으로 하나씩 정해져 있다.

　유니폼을 입으면 매일 뭘 입을까 고민 하지 않아도 된다.
　옷 입는 시간과 에너지가 줄어든다.
　그래서 여유가 생긴다.
　삶이 간편해 진다.

옷은 나

잘 때 입는 옷

2025년 2월 6일.

    눈을 뜬다. 머리맡을 더듬거려 핸드폰을 손에 쥔다. 시계를 본다. 오전 10시 41분. 정오가 가까웠지만 아직도 어둑어둑한 방안.

    회색빛 투명함. 좋다.
    영하 3도의 날씨. 방안 공기는 냉랭하다. 보일러를 틀지 않았다. 코끝이 시리다. 머리는 맑다. 피부는 보송하다. 다시 이불 속으로 파고든다. 머리까지 쏙 파묻힌다. 태아처럼 웅크린다.
    포근하다. 아늑하다. 좋다.
    이불 속 공기의 사각거리는 감촉, 공감각이 느껴진다.
    다시 비현실의 세계로 빠져든다.

*

나는 하얀색 내복 상하의를 입고 있다. 순면이다. 겨울용이라 도톰하다. 그리고 발목까지 오는(발목이 조이지 않는) 울 양말을 신었다. 발이 따뜻하면 숙면에 도움이 된다.
    순면 내의는 겨울 잠옷으로 좋다. 단추도 없고 솔기도 잘 정리되어 있어 몸에 거슬리는 부분이 없다. 사이즈는 여유 있는 것이 좋다.

색

가볍기도 / 무겁기도 / 약하기도 / 강하기도
부드럽기도 / 거칠기도 / 유연하기도 / 딱딱하기도
정적이기도 / 동적이기도 / 차분하기도 / 활기차기도
선명하기도 / 답답하기도 / 화사하기도 / 탁하기도
상쾌하기도 / 불쾌하기도 / 자연적이기도 / 인공적이기도
행복하기도 / 우울하기도 / 성숙하기도 / 미숙하기도
수수하기도 / 화려하기도 / 세련되기도 / 촌스럽기도
단순하기도 / 복잡하기도 / 평범하기도 / 특별하기도

빨강. 파랑. 노랑.
원색은 강렬하다.
밝아지면 부드럽다. 어두워지면 차분하다.
맑아지면 명쾌하다. 탁해지면 답답하다.

원색은 원색대로, 무채색은 무채색대로,
원색은 활기차다. 무채색은 편안하다.
원색은 명랑하다. 무채색은 조용하다.
원색은 강렬하다. 무채색은 시크하다.
모두 각각의 멋이 있다.

옷은 나

녹색

녹색은 균형과 조화의 색이다. 산, 나무, 풀 등 자연의 색이며, 생명, 성장, 희망을 상징하는 색으로 심리적으로는 평화와 안정감을 가져다준다.
 하지만 밝고 어두움(명도), 맑고 탁함(채도), 차갑고 따뜻함(톤)에 따라 반대의 속성을 보여주기도 한다.
 치명적인 독의 이미지가 있으며, 축축한 음지에서 자라나는 이끼, 부패한 음식에 피는 푸른곰팡이의 녹색은 불쾌한 느낌을 준다.

 녹색은 빨간색처럼 주목받지 못하지만, 파란색처럼 선호되지 못하지만, 노란색처럼 화사하지 못하지만, 분홍색처럼 사랑스럽지 못하지만, 보라색처럼 신비롭지 않지만 다른 색에 없는 심오하고 묘한 매력이 있다.

*

녹색은 쉬운 색이 아니다.
녹색은 단순하지만 복잡하다.
소박하기도 화려하기도,
수수하기도 강렬하기도 하다.
녹색은 정직하다.
편안하고 안정되다.
나서지 않는다.

조용히 드러나는
특별한 존재감

녹색은 검은색보다,
흰색보다,
빨간색보다,
분홍색보다.......
강렬하다.

녹색은 오묘하다.
녹색은 예측할 수가 없다.
그래서 매력이 있다.

옷은 나

무채색

무채색은 색채 없이 밝음과 어둠만을 가진 색이다.
무채색은 색이 없는 듯 보이지만,
수많은 색(의미)이 담겨 있다.

무채색을 단순함, 차분함, 지루함으로 받아들이지만,
무채색은 화려한 색들 속에서 강렬한 존재감을 가진다.

*

    흰색, 회색, 검은색.
    무채색은 단순하지만 단순하지 않다.
    무채색은 깊은 색이다.
    무채색은 색을 품는다.
    무채색은 색을 흡수한다.
    무채색은 색을 분리한다.

    무채색을 입으면 차분하다.
    무채색을 입으면 안정된다.
    무채색은 신뢰감을 준다.

    그러나 무채색을 입으면,
    어떤 날은 우울하다. 어떤 날은 초라하다.

어떤 날은 따분하다. 어떤 날은 답답하다.
어떤 날은 지겹다. 어떤 날은 공허하다.

그러나 무채색은,
변하지 않는다.

옷은 나

흰색

흰색을 입으면 환해진다. 표정이 밝아진다. 기분이 좋아진다. 환기가 된다. 흰색을 입으면 자신감이 생긴다. 우월감이 생긴다. 당당해진다. 특별해 진다.
    그러나 흰색은 조심스럽다. 더러워질까봐 신경 쓰인다.
    흰색이 더러워지면 기분이 상한다. 흰색이 찌들면 속상하다.

    흰색은 흰색이어야만 한다.

*

깨끗하다. 단정하다. 순수하다.
조용하다. 여유롭다. 섬세하다.
담백하다. 간결하다. 매끄럽다.
투명하다. 도도하다. 날카롭다.
단단하다. 견고하다. 고결하다.

흰색은
약하지만 강하다.
흰색은 압도적이다.

흰,
세심한 감수성

포용하는 잠재성
흰색은
모든 것을 받아들여 변화시킨다.
범접할 수 없는 아우라
모든 가능성이 펼쳐지는
흰색은 시작
끝없는 시작, 시작 없는 끝
완전한 여백
공허함.

흰,
아무것
특별히 정해지지 않은 어떤 것
대단하거나 특별한 어떤 것

옷은 나

<u>회색</u>

회색은 중립적인 색이다.
회색은 검은색과 흰색이 섞인 복잡한 색이다.
회색은 깊은 사색과 시간이 담겨 있다.

*

차분하다. 안정되다. 무심하다.
단조롭다. 지루하다. 고요하다.
칙칙하다. 애매하다. 희미하다.
차갑다. 건조하다. 나른하다.
딱딱하다. 지적이다. 수수하다.
깊이가 있다.

검은색

모든 색이 가장 어두워지면 검은색으로 보인다.
검은색과 비슷해 보이지만 완전히 다른 것이다.
어떤 색도 검은색을 대체할 수 없다.

*

    어둡다. 무겁다. 깊다.
    강하다. 솔직하다.
    심오하다.

    검은색은 끝이다.
    모든 색을 삼켜버린다.

옷은 나

<u>분홍색</u>

분홍색은 휴식과 보살핌의 색으로, 심리적으로 평온함, 따뜻함, 사랑의 감정을 불러일으킨다. 분홍색은 독특한 진정 효과를 가지며 공격적인 행동을 줄이는 것으로 밝혀졌다.
    연한 분홍색에서 채도가 높은 분홍색까지 분홍색의 다양한 색조는 감정과 행동에 영향을 미친다.
    부드러운 분홍색은 차분함을, 맑은 분홍색은 활력을, 강렬한 분홍색은 자극을 준다.

    분홍색은 사랑의 감정을 불러일으키는 색이다.

*

    분홍색은 빨간색보다 순하다.
    분홍색의 속삭임은 달콤하다.
    즐거움, 열정, 로망
    순수하면서도 대담한
    기쁨과 사랑
    수줍은 사치

    사랑을 부르는 분홍색
    분홍색은 감미롭다.
    분홍색을 바르면 예뻐진다.

분홍색을 입으면 화사해진다.
미소가 생긴다.

사랑스러운 분홍색

옷은 나

본질은 변하지 않는다

빨강이 어두워지면 검정 같아 보이지만 본질은 빨강이다.
빨강이 아무리 어두워져도 검정이 되지 않는다.
검정으로 보일 뿐이다.
빨강의 속성은 변하지 않는다.
변한 것처럼 보일 뿐이다.

다 좋다

빨간색은 선명해서 좋다.
주황색은 활기차서 좋다.
노란색은 상큼해서 좋다.
초록색은 오묘해서 좋다.
파란색은 자유로워서 좋다.
남색은 깊어서 좋다.
보라색은 측은해서 좋다.
흰색은 투명해서 좋다.
회색은 차분해서 좋다.
검은색은 강해서 좋다.

조금 유연해진 걸까.
이것도 좋고, 저것도 좋다.
이건 이래서, 저건 저래서
이건 이것대로, 저건 저것대로
다 좋다.

옷은 나

밝음과 어두움
차가움과 뜨거움
어느 쪽인지.
호기심과 탐욕
어느 쪽인지.

생각하지 않기로 했다.
생각 탈출.
생각하지 않는다.

*

나의 옷에는
나의 기분이 있다.
나의 하루가 숨 쉰다.

오늘 나는 어떤 옷을 입을까?
어떤 색으로 살아갈까?

그

옷은 그 사람을 말해준다.

학생인지, 회사원인지, 부유한지, 백수인지, 워커홀릭인지,

진지한지, 소심한지, 대범한지, 지적인지, 반듯한지, 합리적인지,

안정적인지, 불안정한지, 자존감이 강한지, 고집스러운지, 사악한지,

탐욕스러운지, 도발적인지, 검소한지, 궁색한지, 가식적인지,

쫀쫀한지, 깐깐한지, 예민한지, 느슨한지, 무심한지, 여린지,

섬세한지, 허술한지, 단순한지, 허세인지, 허영스러운지, 정직한지,

믿을 수 있는지, 당당한지, 비열한지, 엉뚱한지, 소탈한지, 털털한지,

단정한지, 얌전한지, 깔끔한지, 차분한지, 활동적인지, 외로운지,

피곤한지, 기센지, 냉정한지, 옹졸한지, 권위적인지, 집요한지,

잔인한지, 야비한지, 음흉한지, 무식한지, 퇴폐적인지, 변태적인지,

불안한지, 폐쇄적인지, 비겁한지, 우울한지, 순진한지, 모자란지,

순박한지, 터프한지, 쫌생인지, 오만한지, 궁상맞은지, 이중적인지,

치졸한지, 미쳤는지.......

그

그 사람의 옷

옷은 성별, 나이, 성격, 취향, 심리, 상태, 행동 등을 나타낸다.
    옷은 그가 누구인지, 그의 생각, 감각, 지위, 능력 등을 보여준다.
    옷은 그의 존재감을 드러낸다.

*

    단정한 셔츠, 구김 없는 바지
    찌든 셔츠, 구겨진 양복, 풀어진 넥타이
    맞춤 정장, 명품 구두
    헤진 셔츠, 낡은 신발
    명품 백, 모조품 백
    유행 옷, 오래된 옷
    원색, 무채색, 파스텔 톤
    꽃무늬, 체크무늬, 민무늬
    매일 다른 옷, 매일 같은 옷

통념과 태도 그리고 본능에 관한 질문

- 단정한 옷은 성실해 보이나?
- 노출이 과한 옷은 문란해 보이나?
- 명품 가방은 부자로 보이나?
- 낡은 신발은 가난해 보이나?
- 옷차림에 따라 대하는 태도가 달라지나?
- 부유해 보이면 호의적이고 관대한가?
- 가난해 보이면 그 반대인가?
- 드라마에서 남루한 노인이 재벌회장이라는 반전을 보여 줬을 때 드는 생각은?
- 차별, 인간의 본능인가?

호감과 비호감

좋은 나쁜 / 따뜻한 차가운 / 밝은 어두운 / 온화한 까칠한 /
부드러운 날카로운 / 단정한 산만한 / 깔끔한 더러운 /
활기찬 피곤한 / 편안한 불편한 / 차분한 경박한 /
성실한 불성실한 / 여유로운 답답한 / 유연한 고집스런 /
긍정적인 부정적인

    호감은 밝다. 친근하다.
    여유롭다. 조화롭다.
    비호감은 그 반대

    호감은 단정하다. 정직하다.
    안정적이다. 품격 있다.
    비호감은 그 반대

    호감은 긍정적이다.
    다채롭다. 건강하다.
    순도가 높다.
    비호감은 그 반대

*

꾸밈이 과하면 비호감. 색이나 무늬가 요란하거나 디테일이 넘쳐도, 너무 많은 액세서리도 비호감.

지나치게 유행을 좇아도, 낡은 관념에 젖어 새로운 것을 받아들이지 않는 고집스러움도, 감각이 너무 없어도 비호감.

허세 티가 나는 것도, 어려 보이려 애쓰는 것도 비호감.

청결하지 못해도, 불쾌한 냄새가 나도, 향수 냄새를 진하게 풍기는 것도 비호감.

신발을 구겨 신거나 깔끔하지 못한 맨발에 슬리퍼나 샌들을 신은 것도 비호감.

지나친 노출이나 몸에 너무 꽉 끼는 옷으로 시선을 불편하게 하는 것도, 때와 장소, 상황을 무시하는 태도(차림)도 비호감.

그

매력

: 마음을 사로잡아 끄는 힘.

환한 미소, 부드러움과 따뜻함, 여유롭고 친근한, 밝고 진실한,
친절한 마음, 자연스러운 품위, 우아한 자신감, 합리적인 태도,
정갈한 차림, 겸손한 발걸음, 부드럽고 조용한 힘, 과하지 않은,
균형감, 내면에서 발산하는 에너지, 어둠을 밝히는, 타오르는 불꽃,
꺼지지 않는 빛, 순수하고 아름다운.
   비싼 옷을 입지 않아도, 브랜드를 내세우지 않아도, 보석으로
장식하지 않아도, 애써 꾸미지 않아도, 볼품없어도, 빛이 나는.

*

애써 꾸민 것은 매력이 없다.
꾸민 티가 나면 매력과는 거리가 멀어진다.
매력은 꾸며서 나오는 것이 아니다.
그냥 그 사람 자체에서 나오는 빛이다.
매력은 내면에서 자연스럽게 우러나오는 것이다.

그, 그녀

스타일은 자연스럽게 우러나오는 그 사람만의 분위기다. 그 사람의 생각, 내면의 이야기, 삶의 방식은 그만의 스타일로 나타난다.
    스타일은 존재감이다.

*

그는 평범한 체크 셔츠와 낡은 구식 재킷을 입었다. 그의 차림새는 촌스럽고 볼품없다. 주름진 얼굴, 듬성한 머리카락, 왜소한 몸.
    그의 눈은 빛난다. 그의 표정은 살아있다.
    그의 옷은 빛이 난다.

    그녀는 단순한 흰색 티셔츠에 구김이 간 리넨 바지를 입었다. 색도, 무늬도, 액세서리도 아무것도 없는 단출한 그녀의 차림은 생활감이 묻어 자연스럽고 편안해 보인다.
    화장기 없는 얼굴, 아무렇게나 묶은 머리카락. 오월 한낮의 나태함이 늘어진 네크라인에 드러난 가냘픈 목덜미를 감싼다.
    그녀의 눈빛은 깊다. 그녀의 표정은 온화하다.
    그녀의 자세는 여유롭다. 그녀의 옷은 빛이 난다.

    그와 그녀, 자연스러운 매력이 느껴진다.

*

헝클어진 머리카락, 낡고 헤진 체크 셔츠, 보풀이 일어난 카키색 카디건, 찢어진 청바지를 입고 낡은 컨버스 운동화를 신은 그(커트 코베인, 1990년대 초반 그런지(Grunge) 록밴드 너바나(Nirvana)의 보컬). 부스스하고 나른한 그의 스타일은 내면의 불안과 갈등, 냉소적인 태도를 드러낸다. 감정을 숨기지 않고 날것 그대로의 목소리로 강한 에너지를 전달하는 그의 스타일은 젊은 세대의 분노와 우울함, 소외감, 그리고 삶의 허무함, 회의감을 보여준다. 귀여운 캐릭터가 인쇄된 늘어진 티셔츠는 아이러니하다.

    단추가 하나도 달려있지 않은 버건디색 울 스웨터(브래지어는 하지 않았다)에 회색 코듀로이 바지를 입고 베이지색 천으로 된 운동화를 신은 그녀(샤를로뜨 갱스부르, 프랑스 배우이자 가수). 인간적인 모습과 가식 없는 진솔한 태도로 많은 사람들의 공감을 끌어내는 그녀는 작품 속에서 언제나 솔직한 모습을 보여준다. 카메라 앞에서 완벽한 자신감보다는 불안함과 솔직한 감정을 숨기지 않는 그녀의 연기는 캐릭터를 순수하게 받아들이고 꾸밈없이 표현하는 용기를 보여준다. 자신의 감정과 불완전함을 솔직하게 인정하고 표현하는 인간적인 예술가인 그녀의 스타일은 내면의 감정을 중요시하며, "형식보다는 감정이 중요하다"고 말하는 그녀의 가치관이 반영되어 있다.

*

토마시와 테레자.✢

　그를 찾아 프라하에 온 그녀. 그녀는 작은 체구에 엉덩이를 반쯤
　덮는 박시한 갈색 재킷과 무릎 아래로 내려오는 짙은 녹색 플란넬
스커트를 입었고, 진한 밤색 울 타이즈에 납작한 검은색 단화를 신었다.
그리고 낡은 가죽 가방(크지도 작지도 않은)이 어깨에 걸쳐져 있었고,
한 손에 흰색 손수건을 꽉 쥐고 있었다. 둥글고 각진 어깨 패드는
단발을 한 그녀의 작은 두상을 강조했다. 좀먹은 색 바랜 노랑 스웨터.
그녀의 옷은 아주 오래된 시간에 머물러 있다. 그런 옷이 그녀에게는
묘하게 잘 어울렸다.
　그는 고루한 진한 밤색 모직 코트를 입었다. 도톰한 흰색 면 셔츠와
짙은 회색 모직 바지를 입었고 낡은 로퍼를 신었다.
　그날 두 사람은 사랑을 체험했다.

　두 사람의 옷. 나는 이렇게 상상했다.

✢　밀란 쿤데라 장편소설 『참을 수 없는 존재의 가벼움』의 등장인물.

그

*

한 남자. 또 다른 어떤 남자, 그리고 한 여자.[✢]

　해변. 회색빛. 고요한 간조의 바다. 더디게 흐르는 시간. 남자는 바다를 바라보고 있다. 검은색 하프 코트 깃을 여미고 있다.

　또 다른 어떤 남자는 해변을 걷고 있다. 무릎이 나온 헐렁한 진한 갈색 코듀로이 바지와 낡은 로퍼를 신고 있다. 반쯤 채워진 푸른색 셔츠가 펄럭인다.

　해변의 어떤 곳, 눈을 감은 한 여자가 도시와 경계를 이루는 담에 기대어 앉아있다. 단출한 차림의 그녀. 그녀는 목을 감싸는 검은색 터틀넥 스웨터와 회색 프란넬 바지를 입고 얇은 회색 카디건을 걸치고 있다. 스산한 바람에 그녀의 카디건과 바지 자락이 펄럭인다.

　한 남자는 변함없이 느리게 걷는다. 또 다른 어떤 남자는 움직이지 않는다. 여자도 움직이지 않는다. 세 사람의 삼각 구도가 완성된 소설의 첫 장면. 이 후, 세 사람이 어떤 관계성을 가지고 전개될지는 모른다. 지금으로서는 서로 모르는 사람들 같다.

　두 남자의 옷은 비슷하다. 둘 다 어둡다. 여자의 옷은 두 남자의 계절과 다르다.

　세 사람의 옷. 나는 이렇게 상상했다.

[✢]　마르그리트 뒤라스 장편소설 『사랑』의 등장인물.

*

아빠와 엄마.

　그를 생각하면 먼저 양복 입은 모습이 떠오른다.

　공무원이었던 그는 평생 양복을 입었다. 잘 다려진 흰색 와이셔츠에 능숙한 솜씨로 맨 넥타이, 몸에 잘 맞는 양복을 입은 그의 모습은 점잖고 반듯했다.

　그리고 파자마를 입은 모습도 떠오른다. 그는 파자마를 즐겨 입었다. 휴일에는 거의 파자마 차림(여름에는 반팔 런닝셔츠에 파자마)이었다. 상·하의 한 벌로 된 파자마 차림으로 침대나 소파에 누워서 책을 읽거나, 음악을 듣고, 영화를 보았다.

　그의 옷은 군더더기 없이 수수했다. 예민하고 대쪽 같은 성격이었던 그는 항상 깔끔함을 유지했다. 퇴직 후에는 평상시에 면이나 리넨 소재로 된 단색 혹은 체크무늬 셔츠를 빳빳이 다려진 바지와 함께 즐겨 입었다.

　큰 키에 꼿꼿한 자세, 운동을 전혀 하지 않았어도 평생 호리호리한 몸매를 유지했던 그는 어떤 옷을 입어도 태가 났다. 그래서 옷을 좋아했고 입는 것을 즐겼다. 하지만 옷이 많지는 않았다. 계절별로 필요한 몇 가지 아이템이 전부였다. 캐주얼 셔츠와 티셔츠, 면바지 그리고 양복 몇 벌과 셔츠, 넥타이 스무 개 정도다. 33년간의 긴 직장생활에 비하면 많지 않은 편이다.

　예술적 감성이 풍부하고 미적 감각이 뛰어났던 그의 넥타이들은 독특하고 멋지다. 1960년대부터 1990년대 중후반까지 착용했던 것으로, 시대별 스타일을 볼 수 있어 소장 가치가 있다. 그의 넥타이들은 소중한 유산으로, 영화의상 소품으로 매우 유용하게

그

쓰면서 잘 관리하고 있다.

    그의 소지품은 몇 권의 책과 메모, 노트 몇 권, LD플레이어와 LD판(LP플레이어와 클래식 LP판이 많이 있었는데 언젠가 그가 정리해 버렸다), 클래식 CD 몇 개 그리고 작은 옷장 한 칸에 느슨하게 채워진 정도의 옷가지가 전부였다.

    간소한 삶을 살았던 그의 유품을 정리하는 일은 어렵지 않았다. 그의 삶을 되돌아보면 유형보다는 무형의 가치를 추구했다.

    클래식 음악을 좋아하고 문학과 미술을 좋아하고 영화 마니아였던 그. 세대를 앞선 감각으로 새로운 것에 관심이 많았던 그. 늘 사색하며 사고력과 창의력이 인생에서 가장 중요하다고 자식들에게 가르쳤던 그.

    인간으로서 어떻게 살아야 할 것인지, 삶의 진정한 가치를 깨닫게 해 준 그. 그는 나의 힘이다.

        정갈한 속 옷
        잘 다려진 하얀색 셔츠의 단추를 채우고
        넥타이를 매는 의식으로 시작하는
        매일 아침의 단조로운 일상

        가지런히 빛나는 구두
        머리부터 발끝까지
        조용하고 우아한,
        시선을 사로잡는
        단정한 모습
        차분한 태도

보이지 않는 질서가 기둥이 되어
눈에 보이는 것 이상으로
단조로움이 지루하지 않은
단단한 구조의 삶
그가 살아온 방식

그녀의 옷은 그와 정반대다. 성격도 정반대다. 취향(옷은 물론, 먹는 것, 보는 것, 취미 등 모든 것)도 완전히 다르다. 그래서 그와 그녀는 잘 맞지 않았다. 어릴 때 학교에서 글짓기를 하면 극과 극인 그와 그녀의 이야기가 단골 소재였다. 제목은 '클래식과 판소리', '오페라와 트로트', '영화와 드라마', 'TV와 라디오' 같은 것들이었다. 그녀와 그는 항상 서로의 취향을 고집하며 싸웠다. 나는 그를 닮았다. 그래서 나도 그녀와 잘 맞지 않는다.

   그녀의 색은 알록달록 화려하다. 무늬도 다양하다. 꽃무늬, 물방울무늬, 동물가죽무늬, 기하학무늬, 희한한 무늬들까지. 위아래 온통 무늬 천지다. 그녀는 나이가 들면서 스타일이 완전히 바뀌었다.
   젊은 시절 사진 속의 그녀는 꽤 고상하고 세련되어 보였다. 우아한 헤어스타일에 속눈썹을 자연스럽게 붙인 화장을 하고 트렌치코트를 입은 그녀는 아름답고 멋이 있었다. 어릴 때 우리 삼 남매의 옷을 입힌 것을 봐도 남다른 감각이 있었다는 것을 알 수 있다.
   그러한 감각이 사라져 버린 것일까?

젊었을 때에 비해 그녀는 살이 많이 쪘다. 거의 몸무게가 절반 이상 늘어난 것 같다.

나이가 들면 신체적 변화와 심리적 요인, 생활환경에 따라 취향이 크게 바뀔 수 있다. 나이가 들고 체중이 늘면 옷을 입는데 제약이 많이 생기기도 한다. 그래서 자신의 단점을 가려주면서 자연스럽고 편안한 스타일을 추구하게 된다. 그래서 그녀는 화려한 색상과 무늬가 있는 옷을 선택했을 것이다. 그것이 최선의 선택이었던 것이다.

그녀는 자신을 가꾸는 일에 부지런하며 한결같다. 그녀는 매일

아침에 일어나면 화장부터 한다. 외출하지 않아도 평생 동안 그렇게 해 왔다. 팔십 대 후반의 나이에도 돋보기를 쓰고 손톱 손질을 하고 정기적으로 미용실에서 흰머리 염색을 한다.

아름다움에 대한 욕망은 나이가 들어도 사라지지 않는다.

그녀의 옷장에는 비슷한 무늬의 옷들이 가득 차 있다. 날씬했을 때 입었던 예쁜 옷들을 이제는 찾을 수 없다.

앨범 사진 속 아름다웠던 그녀의 모습.

그녀는 그때가 그립지 않을까.

1965년 5월 아빠 엄마의 결혼식

날개

"만약 우리 대부분이 초라한 옷과 조잡한 가구를 부끄러워한다면,
초라한 생각과 조악한 철학을 더욱 부끄럽게 여기자."

알베르트 아인슈타인

날개는 자신감을 준다. 날개는 아름답게, 우아하게, 귀엽게, 사랑스럽게, 섹시하게, 멋있게, 지적이게, 자신 있게, 강인하게, 대담하게, 돋보이게 만든다. 날개는 좋은 태도와 인상, 분위기를 만든다. 날개는 몸매를 만든다. 날개는 체형을 보완한다. 몸의 결점을 감춰 준다. 날개는 자세와 걸음걸이를 바로잡아 준다.

    날개는 나를 발전시킨다. 나의 모자람, 부족함을 채워 준다. 날개는 행동에 변화를 준다. 날개는 기분을 변화시킨다. 날개는 표정을 만든다. 날개는 나를 보호한다. 날개는 나를 빛나게 한다. 날개는 나를 디자인한다.

옷이 날개가 되려면,
- 디자인이 좋은 옷을 입는다.
- 어울리는 옷을 입는다.
- 자신 있게 입는다.
- '멋'이 있는 옷을 입는다.

디자인이 좋은 옷, 좋지 않은 옷

● 디자인이 좋은 옷은,

편안한 옷이다. 옷감이 좋은 옷이다. 핏이 좋은 옷이다.
비율이 좋은 옷이다. 디테일이 좋은 옷이다. 견고한 옷이다.

- 디자인이 좋은 옷은 과하거나 부족함이 없다.
- 디자인이 좋은 옷은 균형적이며 조화롭다.
- 디자인이 좋은 옷은 디자인이 보이지 않는다.

○ 편안한 옷
편안함은 옷의 필수 조건이다. 디자인이 좋은 옷은 편안하다. 옷의 편안함은 신체의 자유와 심리적 안정감을 준다. 편안한 옷은 기분을 좋게 하고 삶의 질을 향상시킨다.
옷의 편안함은 옷감, 핏, 디자인, 기능성 등 여러 요소에 의해 결정된다. 편안한 옷은 착용감이 좋다. 착용감이 좋은 옷은 입었을 때 입었다는 것이 느껴지지 않을 만큼 편안한 느낌을 준다.

○ 옷감이 좋은 옷
옷감은 옷의 가치를 나타내는 핵심 요소다. 옷감은 디자인보다 우선이다. 옷감의 품질은 디자인에 영향을 미친다. 옷감이 좋으면 디자인이 보완된다. 옷감이 좋으면 디자인이 좋아 보인다. 옷감의 좋고 나쁨에 따라 옷의 가치는 크게 달라진다. 옷감이 좋으면 옷의 격이 올라간다. 옷감이 좋으면 디자인과 바느질 등 모든 부분의 퀄리티가 좋아진다.

   옷감의 본질은 외부 자극으로부터 몸을 보호하는 것이다.
   좋은 옷감은,
- 촉감이 좋다. 광택과 색감이 좋다.
- 인체와 환경에 친화적이다.
- 짜임이 견고해 내구성이 좋다.
- 세탁·관리가 편해 실용적이다.
- 통기성이 좋아 몸에 좋다.

   좋은 옷감으로 만든 옷은 오래 입을 수 있다. 수명이 길다. 옷감이 좋은 옷은 오래 입어도 형태 변형이 없다. 시간이 지나도 퇴색되지 않는다. 가치가 더해져 빈티지가 된다. 오랜 세월의 흔적을 머금고 시대를 초월한 독특한 매력을 발산한다.
   옷감은 피부에 직접 닿기 때문에 중요하다. 옷감에서 나오는 먼지와 화학성분은 피부와 호흡기에 자극을 줄 수 있기 때문에 원료의 안정성이 중요하다. 몸에 해로운 옷감으로 만들어진 옷은 아무리 예뻐도 입지 않는다. 환경까지 생각하는 친환경 옷감이면 더 좋다.

   좋은 옷감은 좋은 디자인으로 완성된다.
   좋은 옷감은 좋은 옷이 된다.

날개

○ 핏이 좋은 옷

핏이 좋은 옷은 신체의 자연스러운 윤곽과 움직임을 고려한 인체공학적 패턴으로 잘 재단된 옷이다. 핏이 좋은 옷은 착용자를 구속하지 않는다. 입었을 때 편안하고 착용감이 좋다. 좋은 핏은 몸의 움직임을 자유롭게 한다. 핏이 좋지 않은 옷을 입으면 몸의 행동이 자연스럽지 못하고 어색하다. 팔을 들어 올릴 때 힘든 옷, 걸을 때 보폭이 자유롭지 못한 옷은 이미지를 하락시킨다.

핏은 사이즈와 관계가 있다. 잘 맞거나, 조금 끼거나, 조금 넉넉한 것에 따라서 스타일의 느낌이 달라진다. 같은 디자인이어도 사이즈에서 오는 약간의 핏 차이는 스타일에 큰 영향을 미친다. 어깨선이 어느 정도 내려오고 품이 어느 정도 여유가 있고 길이가 어느 정도 오느냐에 따라 느낌이 완전히 다르다. 핏은 특히 편안함에 관여하기 때문에 중요하다.

○ 비율이 좋은 옷

비율은 미묘하다. 미세하다. 미세한 차이다.

비율은 균형이다. 길이, 면적, 무게, 공간, 가치의 균형이다.

비율은 핵심이다. 완성이다. 예술이다.

비율이 좋다는 것은,
- 안정적이라는 것
- 보기 좋다는 것
- 편안하다는 것
- 아름답다는 것
- 완벽하다는 것

○ 디테일이 좋은 옷

　디테일은 작지만 강력한 힘을 가지고 있다. 디테일은 좋은 디자인으로 향하는 집념이다. 디테일이 좋은 옷은 세부 요소 하나하나에 신경 쓴 옷이다. 세부 요소는 디자인의 퀄리티를 높여 준다. 디테일은 디자인을 완성시키는 중요한 요소다.

　디테일이 좋은 옷은 부속재료(실, 단추, 지퍼, 스냅, 후크, 스트링 등)의 품질에 신경 쓴 옷이다. 부속재료는 좋은 디자인을 위한 필수 요소다. 옷의 기능과 장식의 역할을 하며 디자인을 완성한다. 부속재료의 크기, 형태, 색, 재질은 옷감과 디자인에 잘 어울려야 한다. 단추 하나가 디자인의 감각을 보여준다.

　또한 옷감과 실의 조화, 실의 색과 두께, 겉감과 안감의 조화, 피부의 마찰을 고려한 안감과 솔기 처리, 태그·라벨의 디자인과 재질까지 신경 쓴 옷이다. 그리고 바느질의 퀄리티가 좋은 옷이다. 바느질은 오랜 시간과 노력을 투자해 얻은 기술로, 옷의 디자인과 품질을 좌우한다. 옷의 형태를 보존하고 견고함에 중요한 역할을 한다. 좋은 바느질은 섬세하며 견고하다.

○ 견고한 옷

　디자인이 좋은 옷은 견고한 옷이다. 견고함은 옷의 기본 조건이다. 옷은 외부환경, 물리적 위험으로부터 우리를 보호한다.

　견고함은 내구성과 오래 지속되는 품질로 옷의 수명을 제공하고 디자인의 단단함을 의미한다. 디자인의 단단함은 옷을 구성하는 모든 요소가 잘 조화된 높은 수준, '견고한 디자인'에서 나온다.

　정성을 들인 옷, 최고의 기술로 만들어진 뛰어난 품질의 옷은 견고하다. 사람을 위한 디자인은 견고하다. 미래를 예측한 디자인은 견고하다. 환경을 생각한 디자인은 견고하다. 삶의 다양한 측면을 고려한 디자인은 견고하다.

좋은 옷은 디자인이 견고한 옷이다.

디자인이 견고한 옷은,
- 흔들리지 않는다.
- 싫증나지 않는다.
- 자부심을 높인다.
- 신뢰감을 준다.
- 세월이 지나도 가치가 변하지 않는 단단함이 있다.

● 디자인이 좋지 않은 옷은,

   불편한 옷이다. 불편한 옷은,
   체형을 고려하지 않은 구조, 품질이 좋지 않은 옷감과 재료로
만들어진 옷이다. 재료의 융합이 잘못된 옷이다. 기능성이 부족하거나 과다한 옷이다.

   디자인이 좋지 않은 옷은 착용자의 매력을 떨어뜨린다.
   디자인이 좋지 않은 옷은 의류의 수명을 단축시켜 환경오염 문제를 일으킨다.

  ○ 체형을 고려하지 않은 구조
   체형을 고려하지 않고 만들어진 옷은 구조(패턴과 재단)가 잘못된 옷이다. 이러한 옷은 입었을 때 불편하며 보기에도 좋지 않다.
   잘못된 구조로 디자인된 불편한 옷은 지속적으로 신경이 쓰이고 짜증을 유발한다. 주의가 산만해지고 집중력이 저하된다.

  ○ 품질이 좋지 않은 옷감과 재료
   옷감의 품질이 좋지 않으면 의류의 내구성이 떨어진다. 품질이 좋지 않은 옷감은 먼지가 많이 나며 보풀이 생기거나 색이 바래거나 찢어지는 등의 문제가 쉽게 발생한다. 한 번의 세탁에도 형태가 변형될 수 있다.
   품질이 좋지 않은 저렴한 합성 섬유에 사용되는 포름알데히드 및 아조 염료 등 주름과 변색 방지를 위해 직물에 사용되는 화학 물질은

알레르기 반응으로 접촉성 피부염을 일으킬 수 있다. 통기성이 낮아 박테리아와 효모의 온상이 되어 피부 자극, 발진, 곰팡이 감염 등 불편함을 유발할 수 있다. 따라서 화학섬유 제품을 입을 때는 여러 번의 세탁으로 화학 성분을 제거한 후 입어야 한다.

저품질의 유해한 염료를 사용하고 염색 처리가 불량한 옷은 다른 옷과 피부에 이염이 되는 문제를 일으키기도 한다. 피부 이염은 불쾌함은 물론 건강에 해롭다.

○ 재료의 잘못된 조합

두 가지 이상의 옷감 및 재료가 사용된 옷의 경우 각 옷감과 재료의 성질이 맞지 않은 조합은 세탁·관리가 까다롭다. 재질에 따라 세탁 방법과 수축되는 정도가 다르기 때문이다. 각 옷감과 재료의 기능과 용도에 따른 특성을 고려하지 못한 디자인은 불편함을 초래한다.

○ 기능성 부족 및 과다

기능성이 부족하거나 과다한 옷은 불편함을 유발한다. 위치가 잘못된 포켓, 사용하기 어려운 잠금장치, 과다한 장식은 신체의 자유로운 움직임을 제한한다.

단순함에 대하여

좋은 디자인은 단순함으로 향해 가는 과정이다.
단순함으로 모든 것을 얻기란 매우 어렵다. 그러나 그래야만 한다.
단순함에 도달하면 모든 문제는 해결된다.

    단순함은 여유를 준다.
    단순함은 자극적이지 않고 편안하다.
    단순함은 친숙함으로 다가온다.
    단순함은 무한한 창의성을 제공한다.
    단순함은 균형적인 아름다움을 선사한다.
    단순함의 아름다움은 편안함과 조화로움에 있다.
    단순함의 지속적인 매력은 아름다움의 진정한 본질이다.
    단순함의 가치는 수용과 지속에 있다.

날개

단순함은 쉽다.
단순함은 여유롭다.
단순함은 현명하다.
단순함은 자신감이다.
단순함은 신념이다.
단순함은 자유다.
단순함은 용기다.
단순함은 강하다.
단순함은 단순하지 않다.
단순함은 지속 가능하다.
단순함은 최고다.

*

단순함은 사치를 지양하고 실용성을 보여준다.
빠르게 변화하는 트렌드 속에서 신중하고 정제된 삶을 제공한다.
단순함은 싫증나지 않는다.

*

단순한 옷은 절제된 디테일과 미니멀함으로 매력을 구현한다.
    단순한 옷은 시대를 초월한 세련됨이 있다. 시간이 지나도 스타일리시함을 유지하는 클래식함으로, 트렌드를 떠나 깊이와 견고함이 있다.
    단순한 옷은 입은 사람에게 집중한다. 특징을 가리지 않으며 자연스럽고 솔직하게 보여준다.
    단순한 옷은 개성을 표현할 수 있는 여백이 있다.
    단순한 옷은 시선을 분산하는 산만함 없이 안정감을 준다.
    단순한 옷은 친근감, 신뢰감, 자신감, 긍정적 이미지를 전달해 착용자를 빛나게 한다.

단순한 옷은 단순하지 않다.

단순함의 가치를 위해서는 품질이 좋아야 한다.
정교한 품질은 편안한 아름다움을 만들어낸다.

날개

옷을 '잘' 입는다는 것에 대하여

패셔너블하다는 표현은 일반적으로 옷을 잘 입는다는 의미로 통한다. 그러나 '패셔너블하다'는 것과 '옷을 잘 입는다'는 것은 서로 다른 의미로 보아야 한다.

    패셔너블하다는 유행하는 옷을, 유행을 따르며 입는 것으로, 내가 생각하는 '잘 입는다'의 개념과는 차이가 있다.

    패셔너블은 똑같은 브랜드, 똑같은 옷, 똑같은 신발, 똑같은 가방을 드는 것이다. 패셔너블하다는 말은 마치 '앞선' 것처럼 포장되지만 결국 쫓아가는 것이다.

    패셔너블하게 입은 차림은 옷을 잘 입은 것이 아니라 오히려 그 반대라고 말하고 싶다.

◦ 패셔너블하다는 말을 듣고 싶은가?

● 옷을 잘 입고 싶은 이유

옷을 잘 입고 싶은 욕구에는 여러 가지 이유가 있을 수 있다.
사람들은 주목받고, 칭찬받고, 인정받고 싶은 욕구, 즉 좋은 인상을 주고(잘 보이고)싶은 욕구를 가지고 있다. 칭찬과 인정을 받으면 힘이 되는 것은 사실이다. 특히 좋아하는 사람에게 받는 인정과 칭찬은 자신을 긍정적으로 변화시킬 수 있다.

그러나 옷을 잘 입고 싶은 가장 근본적인 이유는 나를 위해서, 나의 만족을 위해서라고 생각한다.
옷을 잘 입으면 우선 나의 기분이 좋아진다.

◦ 옷을 잘 입는다는 것은 무엇일까?
◦ 어떻게 입는 것이 잘 입는 것일까?

잘 : 옳고 바르게. 좋고 훌륭하게. 익숙하고 능란하게

<u>사람들은 모두 다 옷을 잘 입는다.</u>

    나는 대부분의 사람들이 옷을 잘 입는다고 생각한다. 사람들의 옷차림을 유심히 관찰해 보면 자신에게 어울리는 옷을 잘 입었다. 어쩌면 그렇게 자신에게 어울리는 옷을 골라 입었는지 하나같이 자기와 착 붙는다.

'착 붙는다.'

이 말은 내가 생각하는 '옷을 잘 입는다'는 의미를 잘 표현한다.

    사람들은 모두 자신만의 캐릭터를 가지고 있으며, 자신의 캐릭터에 어울리는-착 붙는 옷을 입는다. 착 붙는 옷은, 그 사람의 개성을 잘 표현한다.
    귀엽게, 우아하게, 수수하게, 고지식하게, 섹시하게, 세련되게, 촌스럽게, 느끼하게....... 그 만의 캐릭터가 나온다.
귀여운 것도, 우아한 것도, 수수한 것도, 고지식한 것도, 섹시한 것도, 세련된 것도, 촌스러운 것도, 느끼한 것도 그 사람의 개성이다.

 자신과 착 붙는 옷은 누구와도 같거나 비슷하지 않은 그 사람만의 색을 보여준다. 자신만의 고유한 스타일이며 캐릭터다.

영화에서 의상이 배우에게 착 붙을 때 작품 고유의 캐릭터가 완벽하게 구현된다. 배우에게 의상이 착 붙지 않으면 캐릭터에 몰입감이 생기지 않으며 작품의 완성도에 영향을 미친다.

   ○ 옷을 잘 입는다는 것은,
자신에게 '어울리는 옷: 착 붙는 옷'을 입는 것이다.
착 붙는 옷을 입으면 자연스럽다.

   ○ 착 붙는 옷은,
<u>내 마음에 드는 옷</u>이다.

   타인의 시선과 평가를 의식하지 않은 오로지 내 마음에 드는 옷은 나와 착 붙어 어울리며 자연스럽다.
   내 마음대로, 자유롭게, 당당하게, 입고 싶은 대로, 자신 있게 입은 옷은 나와 하나가 되어 나의 개성을 드러낸다.

날개

*

옷을 '잘' 입는 사람이 있다. 그가 좋아하는 옷은 지금 당장 입을 수 있는 옷이다. 어떤 옷이든 자신의 몸에 들어가면 구애 받지 않고 입는다. 그래서 사람들에게 종종 옷차림이 특이하다는 얘기를 많이 듣는다.

그러나 나는 그가 특이하다기 보다 옷을 '잘' 입는다고 생각한다. 그는 이건 이래야 하고 저건 저래야 한다는 규정 없이 자유롭게 입는다. 남들은 절대 안 돼! 못 입어! 하는 옷도 아무렇지 않다는 듯 입어서(그 또한 나름 생각을 하긴 하겠지만) 남들 눈에는 좀 특이하게 보인다. 그는 옷을 입을 때 그냥 눈에 띄는 것 중 아무거나 집어 입는다고 한다. 그때그때 즉흥적으로, 별로 생각 안 하고 입는다. 그는 모든 색을 좋아한다. 알록달록 눈에 띄는 색도, 칙칙한 색도, 무채색도 좋아한다. 싫어하는 색이 없다. 모든 색을 다 입는다. 남들이 안 입는 색깔도 잘 입는다.

옷에 대한 그의 철학은 '아무거나 입는다'이다.

옷에 대해서 다양한 시도를 해 본다는 그는 옷을 좋아한다.

모든 옷이 그에게 착 붙는다.

○ 옷을 못입다는 것은,
어울리지 않는 옷-착 붙지 않는 옷을 입은 것이다.
어울리지 않는 옷을 입으면 부자연스럽다.

○ 어울리지 않는 옷은,
<u>마음에 들지 않는 옷</u>이다.

마음에 들지 않는 옷은 나와 착 붙지 않는다.
옷이 마음에 들지 않으면 표정과 태도에 그대로 반영된다.
따라서 어울리지 않는다.

- 입기 싫은 옷
- 불편해 보이는 옷
- 유행만을 따라 입은 옷
- 자기 옷 같지 않은 옷(남의 옷을 입은 듯한 옷)
- 다른 사람의 시선을 의식하며 입은 옷
- 옷을 잘 입는다는 말을 듣기 위해 입은 옷

*

옷을 잘 입어야 한다는 생각이 들거나, 자신이 옷을 못 입는다고
생각한다면 <u>옷을 잘 입는다는 말이 듣고 싶은 것은 아닌지</u>
생각해 본다. 그런 이유라면 다른 사람들의 시선을 생각해서, 다른
사람 평가한 대로 입었을 것이고 그렇다면 옷을 잘 못(어울리지 않게)

날개

입었을 확률이 높다. 자기 자신을 중심에 두지 않고 다른 사람의 시선과 관점에 좌우되어 입는 옷은 어울리는 옷이 될 수 없다.

어울리지 않는 옷은 자기와 착 붙지 않기 때문이다.

*

· 옷을 잘 입는다는 말이 듣고 싶은 것인가?
· 만약 누군가로부터 옷을 잘 입었다는 말을 들었다면 그것이 정말로 옷을 잘 입은 것일까? 그의 개인적 취향으로 판단 된 것을 신뢰할 수 있을까?

내 눈에 세련되어 보이는 것이 다른 사람 눈에는 촌스러워 보일 수 있고, 다른 사람 눈에 세련되어 보이는 것이 내 눈에는 촌스러워 보일 수 있다.

촌스럽다고 여겼던 아저씨/아줌마 옷이 독특한 패션을 좋아하는 젊은 세대의 눈에는 멋져 보여서 유행이 되기도 했다.

옷에 대한 시각은 주관적인 것으로, 타인의 판단기준에 맞추려 하기보다 나의 취향과 경험, 가치관에 따라 소신 있게 입으면 된다.

● 옷을 잘 입고 싶으면,

옷에 신경 쓰지 않는다.
마음대로 입는다.
타인의 시선에서 자유로워지는 순간 자신의 개성이 살아난다.

*

짧거나 길거나 작거나 크거나,
짧으면 짧은 대로 길면 긴 대로,
작으면 작은 대로 크면 큰 대로,
나름의 스타일이 있다.

● 나만의 캐릭터 만들기

매일 같은 옷을 입거나, 매일 다른 옷을 입는다.
매일 같은 옷을 입다가, 가끔 다른 옷을 입는다.
마음대로 입는다.

변화

사람들은 대체로 변화를 원하면서도 새로운 것을 받아들이는 것에는 유연하지 않다. 자기 스타일이 아닌(익숙하지 않은) 것은 잘 수용하지 못한다. 한 번도 입어 보지 않은 옷, 자기 취향이 아닌 옷은 자신에게 어울리지 않는다고 판단해서 시도조차 하지 못하는 경우가 많다.
입었다가도 거울을 보고는 뭔가 어색하고 쑥스러워 바로 벗어 놓는다.

  스타일에 변화를 준다는 것은 쉬운 일은 아니다.
  그러나 한 번쯤은 시도해 봐도 좋다.

● 변화의 쉬운 방법

다른 사람이 골라준 옷을 입는다.
다른 사람이 골라준 옷을 입는 것은 꽤 흥미롭다.

내 옷장에는 없는 옷.
나라면 절대 고르지 않는 옷.
내 취향이 반영되지 않는 옷.
나하고는 절대 어울리지 않는다고 생각하는 옷.
막상 입어 보면 괜찮다.
새롭다. 재밌다. 색다르다.
기분 전환이 된다.

멋

: 차림새, 행동, 됨됨이 따위가 세련되고 아름다움.
: 고상한 품격이나 운치.

멋, 참 간결하고 멋진 말이다.

  멋은 자연스러움이다. 멋은 우러나오는 것이다. 멋은 잘 보이려는 것이 아니다. 멋은 꾸민 것이 아니다. 멋은 과시하지 않는 것이다.

  멋은 안정과 여유로움이다. 멋은 조화로움이다.
멋은 내면에서 나온다. 멋은 품성과 인격에서 나온다.
멋은 자신감과 예리한 안목에서 나온다. 멋은 인상적인 것이다.

  자신이 멋있는지 모르는 사람은 멋있다.
멋은, 삶을 사랑하는 사람에게 자연스럽게 깃드는 것이다.

*

  평범한 티셔츠와 바지를 입었어도 멋있는 사람이 있다.
멋있는 옷을 입었어도 멋이 나지 않는 사람이 있다.
멋은 옷 자체가 아니라 옷을 입은 사람의 태도를 통해 전달되는 아우라다.

*

멋있는 옷은 삶의 표현이다.
멋있는 옷은 자신감을 준다.
멋있는 옷은 입은 사람을 돋보이게 한다.

멋있는 옷은,
입는 사람이 완성한다.
멋진 사람이 입은 옷은 멋있다.

수트

수트를 입으면 멋있어 진다. 수트는 클래식 디자인이 기본이다. 기본이 가장 멋스럽다. 기본은 신뢰감을 준다.

수트를 멋지게 입으려면 소재와 핏에 민감해야 한다. 정장 수트는 옷감의 소재와 핏에 따라 이미지가 크게 달라진다. 전통적인 클래식 수트는 100% 울 소재, 테일러드 칼라 싱글 브레스티드 재킷, 레귤러 핏이다. 새로운 소재가 개발되고 시대의 트렌드에 따라서 수트의 디테일이 다양하게 변화되었지만 그래도 가장 멋진 것은 클래식 디자인이다.

*

<킹스맨: 시크릿 에이전트>(2015, 매튜 본 감독)의 전설적 베테랑 요원 해리 하트(콜린 퍼스)는 뛰어난 전투력을 갖춘 비밀 요원으로, 그가 착용한 클래식한 영국식 수트는 정제된 매너와 강인한 내면을 보여준다. 그의 수트 스타일은 세미 브리티시 컷으로, 어깨선이 자연스럽고 허리가 잘록하게 잡혀 우아한 실루엣을 강조한다.

네이비색, 차콜색, 회색, 검은색과 같은 클래식한 색상의 더블 브레스티드와 싱글 브레스티드 수트는 런던의 새빌 로우[Savile Row]에서 개별 고객의 사양에 맞춰 완전히 수작업으로 제작된 맞춤 수트로, 영국 신사의 전통적인 품격을 보여준다. 여기에 스트라이프 셔츠, 실크 타이, 포켓 스퀘어 등을 매치해 격식을 더하고, 브로그 슈즈나 옥스퍼드 슈즈로 마무리한다.

두꺼운 뿔테 안경으로 지적인 이미지까지 더해준 해리 하트의 수트 스타일은 "매너가 사람을 만든다"라고 말하며 품격을 유지하는 그의 철학과 태도를 반영한다.

*

나에게도 멋진 수트가 하나 있다. 구매한지 30년 정도 된 옷이다. 당시 꽤 큰 금액을 주고 구매했던 것 같다. 클래식한 더블 브레스티드 바지 정장으로, 옷감과 핏이 뛰어나다.

품질 좋은 울 재질의 우아함은 시간의 흔적에도 변함이 없다. 정교한 패턴과 재단으로 완성된 핏은 내 몸에 맞춤처럼 잘 맞는다.

새로운 수트를 장만하려 해도 지금까지 이 옷을 뛰어넘는 수트를 발견하지 못했다.

셔츠

셔츠는 성별, 직업, 지위, 세대를 막론하고 누구나 입을 수 있고 누구에게나 다 잘 어울리는 옷이다.

    목을 단정하게 감싸는 두 쪽의 작은 칼라(collar), 소매를 감싸는 커프스(소맷부리), 상체의 중심에 가지런히 자리 잡은 여밈 단추, 몸을 감싸는 적절한 실루엣으로 구성된 셔츠는 완벽한 비례와 균형으로 모든 체형을 보완하는 신비한 마법 같은 디자인이다.

    셔츠는 신기하게도 거의 모든 옷과 스타일에 어울리며 훌륭하게 연출된다.

    셔츠를 입으면 예의 있어 보인다. 신뢰감이 생긴다. 진지해 보인다. 좋은 인상을 남긴다. 입은 사람 모두 멋져 보인다.

    셔츠 하나만 입어도 멋이 난다.

*

<리플리>(1999, 안소니 밍겔라 감독)에서 세 명의 주인공이 입은 셔츠는 캐릭터의 심리와 서사를 담아내며, 1950년대 이탈리아의 아름다운 풍경 속에서 멋진 스타일로 연출된다.

    부유한 아버지를 둔 젊은 상속자 디키 그린리프(주드 로)의 셔츠 스타일은 감각적이다. 단추를 두세 개 풀어헤쳐 입은 여유로운 핏의 가벼운 흰색 리넨 셔츠는 자유로운 성향과 개방적이며 세련된 라이프 스타일을 즐기는 그의 매력을 보여준다. 그의 셔츠는 아무 걱정없이 편안한 그가 가진 여유와 방탕함을 드러낸다.

별 볼 일 없는 인생의 콤플렉스를 가지고 있는 톰 리플리(맷 데이먼)의 셔츠 스타일은 디키와 대비된다. 단추를 깔끔하게 채운 차분한 색상의 수수하고 단정한 옥스포드 셔츠는 어색하고 경직된 모습을 보여준다. 그의 셔츠는 불안정한 정체성과 디키의 세계에 적응하지 못하는 위축된 모습을 반영한다.

　상류층이지만 현실적이고 감성적인 인물 마지 셔우드(기네스 팰트로)의 셔츠 스타일은 그녀의 세련되면서도 부드러운 매력을 보여준다. 자연스럽게 흐르는 셔츠의 핏은 우아하면서도 편안해 보이며, 반팔 셔츠의 소매를 가볍게 접어 올리고 밑단을 묶어 하이웨이스트 팬츠 혹은 가벼운 플레어스커트와 매치한 스타일은 클래식하면서도 여성스러운 룩을 완성한다. 마지의 셔츠 스타일은 그녀가 가진 따뜻함과 지적인 매력이 반영되어 그녀만의 개성이 돋보인다.

　세 사람의 셔츠 스타일은 이탈리아 해변 도시의 따사로운 햇살과 어우러져 영화의 매력 속으로 빠져들게 한다.

트렌치코트

그 자체만으로 멋을 지닌 아이템으로 트렌치코트만한 것이 있을까?

　트렌치코트는 겨울이 지나 봄이 오는 계절에, 여름이 가고 가을이 오는 계절에 가장 먼저 입고 싶은 옷이다.
　봄의 트렌치코트는 무거운 외투를 벗어 던진 들뜬 기대 속 수줍은 설렘이다. 가을의 트렌치코트는 뜨거웠던 여름을 보내고 깊어진 하늘과 서늘한 바람을 기다리는 간절함이다.

　군용 외투였던 트렌치코트는 우아하면서도 실용적인 디자인으로, 더블 브레스티드 버튼, 허리 벨트, 견장 장식이 특징이다.
　세련된 감각과 품격이 있는 클래식한 베이지색 트렌치코트는 어떤 옷과도 잘 어울리며 격식을 차린 분위기부터 캐주얼한 스타일까지 다양하게 연출할 수 있다. 셔츠와 정장 바지와 함께 입으면 격식 있는 느낌을, 청바지와 함께 입으면 자연스럽고 멋스러운 분위기를 낸다.
　트렌치코트는 남녀 모두를 멋지게 만드는 옷이다.

*

<카사블랑카>(1949, 마이클 커티즈 감독)의 마지막 장면에서, 사랑하는 사람과의 이별의 순간, 안개 자욱한 비행장에서 사라지는 비행기(옛 사랑 일리자(잉그리드 버그만)가 탄)를 한동안 바라보는 중절모를 쓴 릭 브레인(험프리 보가트)의 트렌치코트는 멋지다.

<티파니에서 아침을>(1962, 블레이크 에드워즈 감독)의 마지막 장면에서, 구속받는 것이 두려워 폴(죠지 페파드)의 사랑을 거부한 홀리(오드리 헵번)는 자신의 소홀한 보살핌 때문에 집을 나간 고양이를 찾아 비오는 뉴욕 거리를 헤맨다. 그녀의 모습을 발견한 폴은 홀리를 도와 함께 고양이를 찾는다. 쏟아지는 비를 맞으며 찾아 헤매다 어두운 골목 구석에서 고양이를 발견하고 기쁨과 슬픔을 감추지 못하는 홀리, 그 순간 폴에게 진정한 사랑을 느낀다.
　　홀리와 폴의 비에 젖은 트렌치코트는 낭만적이다.

*

엄마가 젊었을 때 입었던 트렌치코트가 있다. 40년이 넘은 그 옷은 지금 봐도 세련됐다. 1974년에 탄생한 기성복 브랜드'BANDO(반도패션)' 제품이다. 베이지색 밀도 있는 고급 능직 면을 사용하고, 군더더기 없이 절제된 디자인과 견고한 바느질로 마무리된 클래식 스타일로, 오랜 시간이 지난 지금까지도 단단함을 유지하며 세월의 깊이가 우러나온다.
　　이 트렌치코트는 <오마주>(2022, 신수원 감독)에서 1960년대에 활동한 한국 두 번째 여성 영화감독 홍은원(김호정 배우)이라는 인물의 의상으로 사용했다. 이 옷은 그 시대 현대 여성의 모던한 감각과 멋을 보여준다.

　　좋은 옷은 시간이 흘러도 멋이 사라지지 않는다.

신발

신발은 발걸음을. 자세를. 의식을. 사뿐사뿐. 또각또각. 터벅터벅.
신발은 발을 감싼다. 보호한다. 편안하게. 부드럽게. 기분 좋게. 내 몸을 맡긴다.

    작아서 아프지도, 커서 헐떡이지도 않는. 청결함. 편안함.
    신발은 시간이고 세월이다. 신발은 그 사람의 행적. 시간의 흐름.

    반짝반짝 새 신발은 설렘.
    거칠거칠 낡은 신발은 내가 걸어온 길의 흔적.

    잘 관리된. 빛이 나는 구두. 굽이 마모된. 낡은 구두.
    헤진 운동화. 창이 떨어진 구두.

    신발은 감각이다. 앞코. 굽 디자인. 둥근코. 뾰족코. 사각코. 낮은 굽. 높은 굽. 통굽. 아슬아슬한 하이힐. 인조가죽. 신발은 스타일의 결정체.

    발을 보호하기 위해 착용하는 신발. 두 발을 감싸는 신발은 작지만 다양한 표정이 있다. 신발의 모양은 흥미롭다.

    짚신, 고무신, 나막신, 슬리퍼, 샌들, 플랫폼, 로퍼, 스니커즈, 부츠, 힐……
    각각 고유의 기능이 있는 신발은 모두 개성 넘치는 독특한 모양을 가지고 있다.

신발 디자인의 핵심은 앞코와 굽 모양에 있다. 앞코는 이미지를 나타낸다. 미세한 모양새에 따라 분위기가 달라진다. 앞코와 굽 모양의 조화가 중요하며, 밑창의 재질과 만듦새는 신발의 퀄리티를 나타낸다. 신발의 재료, 두께와 각도, 섬세한 마무리는 신발의 인상을 결정한다.

신발은 옷보다 그 사람의 아이덴티티를 좀 더 명확하게 드러내 보인다. 신발의 모양(디자인), 상태(가죽의 헤진 정도, 밑창이나 굽의 마모 정도)는 그 사람의 성격, 가치관을 나타낸다.

신발의 앞코와 굽 모양은 신발 주인의 이미지와 닮았다.
- 동글동글한 앞코, 뭉툭한 굽은 귀여운 이미지
- 자연스러운 앞코, 단정한 굽은 차분한 이미지
- 날렵한 앞코, 뾰족한 굽은 차가운 이미지

신발의 상태는 이미지에 영향을 미친다.
- 깨끗한, 반짝반짝 잘 관리된 신발은 좋은 이미지
- 더러운, 헤진 천, 달랑달랑한 밑창, 삐딱하게 마모된 뒤축은 안 좋은 이미지

*

신발은 스타일을 완성한다. 옷을 잘 차려 입고도 신발에서 어그러질 수 있다. 신발은 디자인도 중요하지만 품질과 관리 상태도 중요하다. 품질이 좋지 못하거나 제대로 관리되지 못한 신발은 아무리 좋은 신발이어도 스타일을 망친다. 따라서 옷보다 신발에 투자하는 것이 좋다. 옷은

날개

저렴한 가격에 품질 좋은 것도 있지만 신발의 품질은 가격에 비례한다. 좋은 신발은 값어치를 한다. 디자인도 좋을 뿐 아니라 기능과 품질도 뛰어나다. 잘 관리하면 오래오래 신을 수 있다.

    신발을 오래 신을 수 있는 방법은 여러 개를 가지고 돌아가면서 신는 것이다. 신발을 하나만 가지고 계속 신으면 신발의 수명이 짧아진다. 신발을 아끼는 나는 신발의 수명이 다하도록 신지 않는다. 발 사이즈는 성인이 된 이후에는 거의 변하지 않으므로 사이즈가 맞지 않아서 못 신는 경우는 별로 없다. 신발 관리를 잘 한다면 신발이 낡아서 버리는 일은 거의 없다.

    신고 난 신발은 구둣솔과 헝겊으로 잘 닦아서 한 짝씩 신발 전용(면) 파우치에 넣어 보관한다. 서로에게 눌려 형태가 망가지지 않도록 방향을 맞춰 신발 상자에 담는다. 제습제를 함께 넣으면 좋다.

휴식

겨울이 지나 봄이 온다.
겨우내 신었던 신발
쉴 곳을 찾는다.

냉혹한 추위와 질퍽이는 눈
겨울의 고난을 겪어 낸
나의 무게를 견뎌 낸
내 신발에게 휴식을 선물한다.

한 짝 한 짝
섬세하게

먼지를 털어낸다.
오염을 닦아 낸다.
상처를 보듬는다.

한 짝 한 짝
소중하게

고운 헝겊에 감싼다.
상자에 담는다.
조심조심

날개

이듬해 겨울이 올 때까지
고이고이

휴식을 한다.

가방

가방은 표시다. 욕망이다. 자존심이다.
가방은 직관적이다. 그 사람을 드러낸다.
가방을 보면 취향을 알 수 있다.
가방을 보면 감각이 보인다.

가방은 소중한 물건. 애착 물건.
자랑하고 싶은 물건.
낡은 가방은 세월의 흔적.
손때가 묻은 가방은 나의 흔적.

낡은 가방을 바라보는 시선.
긍정적인 시선일 수도, 부정적인 시선일 수도.

명품 가방을 바라보는 시선.
긍정적인 시선일 수도, 부정적인 시선일 수도.

정직함. 우직함. 견고함. 합리적.
허영. 허세. 로망.

유혹의 물건. 과시의 도구. 집착의 대상

날개

*

좋은 가방의 조건,

가벼워야 한다.
내구성이 좋아야 한다.
지퍼, 스냅, 버클, 스트랩 등 장식과 기능을 위한 부속물의 품질이
좋아야 한다.
용도에 맞게 기능적으로 디자인되어야 한다.
소지품을 편리하게 수납할 수 있는 주머니가 있어야 한다.
물건을 쉽게 정리할 수 있도록 구조가 좋아야 한다.
어떤 차림에도 어울리는 디자인이면 좋다.

<오마주>(2022, 신수원 감독)의 홍은원 캐릭터

사랑

"사랑은 나에게 있어서 언제나 가장 큰 일이었습니다. 아니 유일한 일이었습니다."

스탕달

사랑은 기적이다. 그러나 사랑은 범상적인 기적이다. 사랑은 가장 널리 퍼진, 가장 보편적인 것, 경이 중에서 가장 덜 특이한 경이다.

장 도르메송

옷은 사랑. 설렘. 유혹. 기적. 열정. 낭만. 친절. 보살핌. 아낌. 헌신.

지원. 공감. 충성. 기쁨. 행복. 믿음. 친밀. 동경. 욕구. 동정심.

따뜻함. 끌어당김. 그리움. 약속. 배려. 진심. 감탄. 연결. 신뢰. 존경.

존중. 고마움. 조화. 놀라움. 마법. 환상. 신비. 추억.

사랑

사랑

: 어떤 사람(사물)이나 존재(대상)를 몹시 아끼고 귀중히(소중히) 여기는 마음.

'몹시 아끼고 귀중히 여기는 마음'

참 따듯한 말이다. 사랑을 할 때 드는 마음. 사랑을 받을 때 느껴지는 마음. 서로에게 이런 마음을 주고받는 사랑은 심오하다. 사랑은 보이지 않는 강렬한 감정이다. 사랑은 삶의 중요한 가치다. 사랑은 삶을 풍요롭게 만드는 힘, 특별한 경험이다. 사랑은 돈, 물질, 지위, 명예 보다 강력하다.

사랑은 존재에 대한 탄성을 자아낸다. 사랑은 희망과 가치를 부여하고 삶을 풍요롭게 한다.

사랑은 아끼는 마음이다.
연민, 측은지심

사랑은 바꾸려 하지 않는다.
있는 그대로를 받아들인다.
있는 그대로를 존중한다.
있는 그대로를 사랑한다.

*

찾고 찾고 찾아 헤맨다.
거친 숲길과 메마른 평원과
가파른 언덕과 불안한 물길과
위험한 도로와 까마득한 길
찾고 찾고 찾아 헤맨다.
번갯불과, 태풍과, 소용돌이
그리고 암흑

찾고 찾고 찾아 헤맨다.
따스함, 즐거움, 설렘
충만함
그리고 행복

*

첫 눈에 반한 옷
이유 없이 끌리는 옷
설레는 옷

사랑

설렘

사랑의 감정 중 가장 처음 발동하는 감정이자 순수한 감정.
　무언가를 고대하며 기다리는 마음은 잔잔한 활력소가 된다.

새 옷은 언제나 설렌다.
　계절에 앞서 새로 산 코트를 어서 입고 싶어서 겨울이 기다려진 적이 있다.
　정신이 번쩍 들 정도로 추운 날, 티끌 하나 없는 맑은 날이면 좋겠다. 눈이 펑펑 와도 좋겠다. 코트 깃을 바짝 여미고 양손을 주머니에 쏙 넣고, 코끝이 찡하게, 머리가 쨍하게 찬바람을 맞이하고 싶다.

　모직 코트는 멋이 있다.
　다른 옷이 낼 수 없는 분위기가 있다.
　모직 코트는 한 겨울의 멋이다.
　모직 코트를 입고 멋이 없는 사람은 본 적이 없다.
　모직의 질감은 우아하다.
　모직은 패딩 못지않게 따뜻하다.
　사랑하는 사람의 품 속 같다.
　모직 코트를 입은 그의 품속으로…….

만남과 감정

설렘. 행복. 즐거움. 달콤함. 편안함. 고마움. 반가움. 뿌듯함. 기쁨. 슬픔.
우울함. 두려움. 답답함. 짜증. 따분함. 불안함. 괴로움. 예민함. 수줍음.
놀람. 질투. 흥분. 짜릿함. 벅참. 신비함. 그리움. 미안함. 안쓰러움. 짠함.
지침. 낙담. 서러움. 아픔. 외로움. 쓸쓸함. 속상함. 불쾌함. 초조함.
화남.

   옷을 입고 벗을 때 즉각적으로 느껴지는 느낌.
   따뜻함, 시원함, 부드러움, 거친, 편함, 불편함.......

사랑

*

<송 투 송 Song to Song>(2017, 테렌스 맬릭 감독)
    그 해 본 최고의 영화. 관객들의 평가가 극과 극으로 갈렸지만 나는 최고 점수를 매긴 한 사람이다. 이토록 매력적인 영화라니. 놀랍고 부럽고 존경스럽다. 거장 감독의 거부할 수 없는 사랑 이야기에 미치도록 **빠져든다**.

    순수한 사랑을 보여주는 BV(라이언 고슬링), BV의 순수한 영혼에 **빠져버린** 페이(루니 마라), 사랑을 탐닉하는 쿡(마이클 패스벤더), 현실의 대안으로 사랑을 선택한 론다(나탈리 포트만.
    그들의 얽힌 사랑은 서로를 잠식한다.
    사랑은 관계를 넘어 미지의 세계로 빠져든다. 사랑. 욕망. 흔들림. 불안정한 자유로움은 불안한 관계를 만든다. 깊숙이 자리를 차지한 음악의 멜로디를 타고 흐르는 함축적인 대사는 시보다 아름답다. 인물들의 컬러는 매혹적으로 다가온다.

    ◇ 사랑을 예감하는 색 : 핑크 & 퍼플
    쿡과 론다의 사랑은 론다가 웨이트리스로 일하는 식당에서 시작된다. 처음 만난, 서로 모르는 두 사람의 옷 색은 닮았다. 론다의 색 핑크는 사랑을 부른다. 쿡의 색 퍼플은 핑크를 빨아들인다. 운명으로 이끄는 둘의 색은 사랑을 예감한다.

    ◇ 다른 사랑의 색 : 블루 & 블랙
    '랭보는 모든 걸 다했어. 이 세상의 모든 독을 삼켰고 그 모든 사랑,

고통, 광기를 경험했지. 그래서 미지의 인물이 됐지…'
'난 사랑을 믿지 않았어. 사랑에 잠식되는 게 두려웠지.'
'난 고통을 사랑해. 살아있는 기분이거든.'

   진정한 사랑 앞에서 떳떳하지 못한 자신을 향해 독백하는 페이.
   블랙과 블루의 만남. 페이와 BV의 만남의 색은 블랙과 블루다. 둘의 시작 색이다. 블랙과 블루는 닮은 듯 닮지 않은 색이다. 블루는 아무리 진해져도 블랙과는 다른 빛을 띤다. 같을 수 없는 색. 블랙과 블루.
   BV의 순도 높은 사랑이 벅찬 페이. 그의 사랑을 온전히 받아들일 수 없는 페이. 그래서 사랑을 숨기는 페이. 사랑의 지향점이 다른 두 사람의 블랙과 블루의 만남은 연민으로 다가온다.

◇ 자유로운 영혼의 색 : 블랙, 블루, 레드
   블루와 블랙을 시작으로 블루와 블루, 블루와 레드로 이어지는 BV와 페이. 둘의 이야기. 그리고 두 사람 사이에 존재하는 쿡.
   블랙, 블루, 레드는 불안한 그들 관계의 색이다.
   그들의 색은 어둡고 우울하다.
   블랙의 그녀는 강렬하고, 옅은 블루의 그녀는 슬프고, 진한 레드의 그녀는 뜨겁다. 그녀의 사랑은 진하지만 공허하다. 그녀의 영혼은 자유롭다. 그러나 아프다.

'당신의 영혼을 사랑해.'
'어리석은 나'
'악마'
'난 행복한 삶을 살고 싶었어.'

사랑

'이제 난 행복을 가져다주지 못하나봐.'
'난 당신의 사랑을 낭비했어.'

그를 떠나보내고 미치도록 그리워하는 페이.
BV의 블루는 진지하다. 그녀를 감싼다. 따뜻하다. 그녀를 원한다. 그의 블루는 그녀에게 기회를 주는 연민의 색이다. 그의 블루는 순도가 높다. 그래서 조심스러운 색이다. 마냥 편하지만은 않은 색. 쿡과의 관계로 인해 미안한 페이가 온전히 가질 수만은 없는 색이다.

쿡의 블랙은 모든 사랑을 흡수하려는 색이다. 그의 블랙은 거침이 없다. 욕망의 색. 뿌리칠 수 없는 유혹의 색이다.

블랙으로 빠져드는 블루. 블루는 블랙 속에 침잠한다. 그러나 결코 섞이지 못한다. 결이 다른 두 색의 만남은 각자의 순도를 희석시킨다.

◇ 잠식된 사랑의 색 : 블루블랙

페이와 BV, 쿡, 그리고 그들 주변 인물들의 의상에 공통적으로 사용된 블루블랙(감청색, 네이비색)은 어린아이와 행복한 일상을 보내는 가족의 색, 죽어가는 아버지를 지켜보는 아들의 색, 사랑을 갈구하는 연인의 색이다.

블루블랙은 삶의 희로애락, 고독, 외로움, 행복, 희망, 시작과 끝, 심연과도 같은 인생의 깊이를 보여준다.

'우린 노래해야 한다. 사람들의 가슴을 뛰게 해서 그들을 도와야 한다.'
'음악에서 음악으로…….'

Song to Song.
　사랑을 음악에 담아 시로 노래하는 이들의 사랑에 빠져든다.

*

<이터널 선샤인>(2005, 미셸 공드리 감독)
　조엘과 클레멘타인. 둘의 색은 너무나 다르다. 조엘은 어둡고 무겁고 답답한 무채색, 클레멘타인은 채도 높은 오렌지, 블루, 레드 등 맑고 쨍한 컬러풀한 색이다. 이들의 색은 두 사람이 과연 친해질 수 있을까 하는 의구심을 들게 한다. 색은 두 사람이 갖고 있는 본질적 성향을 드러낸다. 색은 그들이 너무나 다른 사람이란 것을 보여준다.
　그리 개운하지 못한 아침. 출근하러 나온 조엘은 주차된 자신의 차가 심하게 긁혀있는 것을 보고 화가 치민다. Thank you!라고 적은 메모를 가해 차로 의심되는 옆 차 와이퍼에 꽂아 놓고 열차로 향한다. 플랫폼에서 열차를 기다리던 조엘은 반대편 차선에서 열차가 들어온다는 방송을 듣고 순간 돌발적으로 달려가 가까스로 열차를 탄다. 회사와 반대 방향의 열차를 타는 충동적 행동으로 작은 일탈을 한 그는 어느 한적한 겨울 바닷가에서 클레멘타인을 만난다. 모르는 여자와는 눈도 못 맞추는 조엘,
　"나한테 눈곱만큼이라도 관심을 보이는 여자는 왜 다 마음에 드는 걸까?" 가끔씩 우연처럼 보이는 필연으로 마주치는 클레멘타인의 눈을 피하며 소심하게 속으로 말한다.
　'블루 루인'이란 독특한 헤어컬러에 오렌지색 후드점퍼를 입은 클레멘타인. 선명한 보색의 그녀는 그런 조엘을 의식하며 시선을

마주친다. 그리고 조엘에게 먼저 인사를 건넨다. 어둡고 탁한 조엘과 밝고 선명한 클레멘타인의 만남에서 흥미로운 전개가 기대된다.

    클레멘타인이 자신의 기억을 지웠다는 것을 알게 된 조엘은 자신도 그녀의 기억을 지우려고 한다.

    저녁 8시 30분. 지친 모습으로 퇴근한 조엘은 비닐포장을 뜯어 꺼낸 빳빳한 새 잠옷을 입고 알약을 하나를 삼키고 침대로 들어간다.

    기억을 지우기 전 과거와 기억을 지운 후가 교차되며.

    머리색을 자주 바꾸는 클레멘타인은 자유분방하지만 조엘이 자신을 가벼운 여자로 취급하는 것에 분노를 느낀다. 조엘이 필사적으로 클레멘타인의 기억을 지키려는 장면에서 클레멘타인의 머리색은 레드다.

"난 그냥 마음의 평화를 찾으려는 망가진 여자일 뿐이야"
"그래도 네가 내 삶을 구해줄 것 같았어"

    이번엔 다를 거라며 다시 시작하기를 간절하게 애원하는 조엘에게 클레멘타인은 자신을 기억하는 것에 최선을 다해 달라고 말한다. 그럼 가능할지도 모른다며 사라진다.

    기억을 지워가는 과정에서 후회를 하며 그녀에 대한 진정한 사랑을 알게 된 조엘. 그래서 그녀를 놓치고 싶지 않은 그. 자신이 기억을 지웠다는 것을 알고 괴로워하는 그녀. 서로가 기억을 지웠다는 것을 알고 다시 만난 그와 그녀. 기억을 지우기 위해 서로에 대한 나쁜 것만을 늘어놓은 것에 당황하고 혼란스러운 둘.

"그렇게 오랜 시간을 같이 보냈는데 이렇게 낯설다니 시간 낭비죠"
눈 덮인 하얀 겨울 바다를 뛰며 장난치는 조엘과 클레멘타인.

우연히 만나 다시 사랑을 시작하지만 결국 헤어진다. 아픔을 지우기 위해 서로의 기억을 지우려 하지만 사랑이 시작된 순간들, 행복했던 기억들, 가슴속 추억이 사라지는 것에 두려움을 느끼는 두 사람.

기억을 지웠어도 다시 만나도 똑같이 끌리는 것이 인연인가 보다.
두 사람의 다른 색처럼 결국엔 헤어지게 되지만.

사랑

추억

기억. 느낌. 향기. 얼룩. 시간의 흔적. 표시. 상처. 사건. 노력. 성취.
시작과 끝. 기쁨. 슬픔. 상처. 축하. 따듯함. 향수. 그리움. 여행. 기념품.
빛바랜. 낡은. 좀벌레. 흑백사진. 순간. 기록. 이야기. 개인의 역사.
삶의 여정이 반영된 시간의 본질.

빛바랜 사진. 낡은 편지.
부서지는 새벽. 부드러운 손길.
속삭이는 웃음, 떨어지는 눈물.
얽혀버린 시간.

친절한 여름. 잔인한 겨울.
따뜻함. 차가움.
뜨거운 포옹.
잃어버린 시간.

미소를 머금은 잔인함에 심장은 굳어져
하얗게 식어간다.
추억은 기억 속에서 커져
눈물 속으로 숨는다.

추억은
시간의 통로를 지나
내 안에 머무르며 길을 찾는다.
이야기를 남긴다.

       *

추억은 유니크하다.
시간의 흔적은 유니크하다.
나만의 이야기는 유니크하다.
나만의 숨겨진 비밀은 유니크하다.

사랑

*

오랫동안 간직한 옷. 누군가가 떠오르는 옷.
    아빠와 엄마의 취향이 담긴 어린 시절의 빛바랜 사진 속 옷.
    설렘을 주었던 옷. 교복, 졸업 가운, 정장, 한복, 드레스…….
    선물 받은 옷. 여행지에서 산 옷.
    밤새워 뜬 머플러…….

    옷은 흔적을 남긴다.
    생활의 흔적
    만남의 흔적
    기억의 흔적
    흔적은 추억이 된다.

    옷은,
    일상의 순간을 기억한다.
    추억으로 저장한다.
    추억이 저장된 옷은 따듯하다.
    촉촉하고 감미롭다.

    추억이 담긴 옷은
    나만의 소중한 보물이다.

추억1

앨범에 꽂혀 있는 한 장의 흑백 사진. 코트에 달린 모자를 눌러 쓴,
실눈을 뜨고 해맑은 표정으로 카메라를 응시하고 있는 아이.
아련하게 떠오르는 기억. 아마도 나의 첫 기억일 것이다.

    서너 살 때였던 것 같다.
    사진과는 다르게 잔뜩 인상을 찌푸리고 있는 아이, 두 손으로 아빠의 손을 잡고 가던 길의 반대편으로 힘껏 잡아당긴다. 어린 아이가 무슨 힘이 그리 센지 아빠는 걸음을 떼지 못한다. 아이는 고집을 피우며 떼를 쓰다 힘에 부치자 결국 울음을 터트린다. 터진 울음을 그칠 줄 모르는 아이. 어쩔 줄 몰라 하는 아빠. 젊은 아빠는 아이를 달래느라 애를 쓴다. 아이를 안아 주고 업어 주고 어르고 달랜다.

    "그래그래. 미안해. 그 옷은 아빠가 다음에 사줄게. 그만 뚝."

아빠가 나를 데리고 옷을 사러 갔던 날, 나는 아빠가 내가 마음에 들어 하는 옷을 사주지 않아 집에 오는 내내 심통을 부렸다.
    그 옷이 어떤 옷이었는지는 기억나지 않는다(아마 어린애들이 좋아했을 만한 알록달록 유치한 거였겠지).

    어느 정도 시간이 지나서 나는 그때 아빠가 내가 원했던 옷을 사주지 않았던(못했던) 이유를 어렴풋이 깨달았다. 아마 아빠 형편에는 부담스러운 가격이었을지도 모른다. 아빠의 주머니 사정을 전혀 개의치 않았던 어린 나. 그런 나를 연신 달래던 아빠. 진땀을 흘리며

사랑

미안해하던 아빠. 만약 엄마였다면 큰소리로 꾸짖거나 등짝을 몇 대 때렸을 것이다. 그날의 생각을 하면 아빠에게 미안한 마음이 든다.

   사진 속의 나는 그때 아빠가 사준 옷을 입고 천진난만하게 웃고 있다.

   그 옷을 나는 아주 또렷이 기억한다.
   캄캄한 우주 공간의 깊이가 느껴지는 감색, 모자가 달려있고 앞자락에 몸판과 같은 옷감의 앙증맞은 방울 단추 하나가 달린 단순한 디자인의 모직코트.

   그 옷은 예뻤다.

추억2

어릴 때 사진을 보면 엄마가 삼 남매 옷을 꽤나 신경 써서 입혔다는 것이 느껴진다. 그때는 몰랐는데 지금 보면 옷들이 예쁘다. 생각해 보니 엄마한테 옷 투정을 부린 적은 없었던 것 같다. 옷이 마음에 안 든다거나 입고 싶은 옷이 있어서 사달라고 떼쓴 적(커서는)은 없는 것 같다. 엄마가 사 주는 대로 입혀 주는 대로 잘 입었다.

    엄마는 언니와 나, 동생 옷을 비슷하게 맞춰 입혔다. 디자인은 같고 색은 다르게, 디자인은 다르고 색은 같게. 공통의 요소가 있으면서 각자의 개성을 살린 옷이었다. 엄마는 그렇게 삼 남매의 옷을 맞춰 입히는 것을 좋아했다.

    내가 아장아장 걸을 때 쯤, 언니는 다섯 살쯤 이었던 것 같다. 이화여대 교정에서 아빠의 손을 잡고 찍은 사진에서 언니는 레이스 반팔 소매가 예쁜 흰색 원피스를 입었다. 가슴에는 같은 옷감으로 만든 조그만 장미꽃 코르사주가 달려 있고 짧은 바지가 세트로 된 옷이다. 나는 흰색 바탕에 작은 꽃무늬가 있는 블라우스와 반바지가 세트로 된 옷을 입었다.

    엄마가 나를 안고 있는 사진에서 언니는 러플 장식이 달린 흰색 반팔 소매 원피스에 러플 달린 모자를 쓰고 있다. 색깔 있는 구두에 흰색 양말을 신었다. 나는 언니와 비슷한 원피스에 색이 진한 바지를 입고 있다.

    내가 다섯 살쯤 되어 보이는 또 다른 사진에서는 언니와 내가 러플이 달린 똑같은 원피스를 입었다. 가슴 부분과 소매, 치맛자락에 러플과 레이스가 장식된 옷으로, 순정 만화에 나올 것 같은 디자인이다. 색은

사랑

채도가 낮은 진분홍색이다.

    동생이 태어나서 등장한 사진에서 나는 위와 같은 원피스를 입었고, 동생은 바지 단에 러플이 장식되어 있고 무릎에는 커다란 꽃 패치워크가 있는, 위아래가 붙은 귀여운 옷을 입었다.

    아빠가 제주도 출장에 나를 데려갔을 때 사진도 있다. 다섯 살 때쯤이었는데 나는 둥근 플랫칼라와 허리 밴드, 소매 커프스에 검은색 벨벳이 배합된 진한 베이지색 원피스에 모자까지 세트로 맞춰 입고 제주도 기념품 조개 목걸이를 하고 있다. 신발은 발목까지 오는 양말에 샌들을 신었다.

    가족사진의 옷은 조화로웠다. 1975년이라고 찍힌 사진. 이때부터 컬러 사진이 등장한다. 언니는 10살, 나는 7살, 동생은 4살이었다. 속리산 국립공원에서 찍은 가족여행 사진이다. 그 곳은 아빠, 엄마가 신혼여행을 갔던 곳이다. 그때 엄마와 언니와 나는 원피스를 입었다. 엄마는 니트로 된, 사각 스퀘어 네크라인에 연한 푸른색이 섞인 회색 원피스(네크라인과 반팔 끝 부분, 허리 밴드 부분에 진한 푸른색으로 포인트를 준 디자인이다), 언니는 연분홍색 둥근 칼라 원피스, 나는 끝이 각지고 넓은 흰색 플랫칼라가 달린 빨간색(흰색 바탕과 섞여서 분홍색으로 보인다) 잔체크 무늬 원피스를 입고 있다. 세 사람의 원피스는 모두 허리에 얇은 벨트가 있었다. 아빠는 밝은 회색 윙칼라 반팔 셔츠와 회색 바지, 동생은 톤이 낮은 분홍색에 가로줄이 하나 있는 긴팔 티셔츠와 감색 반바지를 입고 무릎까지 오는 흰색 양말과 구두를 신었다.

    신촌에 살 때 이화여대 교정에서 찍은 가족사진을 보면 아빠는 양복, 엄마는 번아웃 된 옷감에 바다색 꽃잎 도안이 연속적으로 들어간 한복, 언니와 나는 베이지색 트렌치코트를 똑같이 맞춰 입었고 동생은 아이보리색 점퍼와 잔체크 무늬 판탈롱 바지를 입었다.

    아빠, 엄마, 고모랑 어린이 대공원에 놀러간 사진에는 언니와 나, 남동생이 같은 디자인의 점퍼를 입었다. 넓은 칼라와 짧은 길이가 귀여운 인조가죽 점퍼로, 언니는 그레이블루색, 나는 올리브그린색, 남동생은 아이보리색으로 색만 다르게 입었다. 그리고 점퍼 안에 언니는 셔츠와 바지가 세트로 된 옷, 나는 검은색 바탕에 노랑, 분홍, 연두색 꽃무늬(나는 이 무늬를 좋아했다)가 들어간 져지 블라우스와 베이지색 바지, 동생은 무늬 셔츠와 잔체크 무늬가 들어간 바지를 입었다. 그리고 채도 낮은 자주색 헌팅캡 모자를 셋이 똑같이 쓰고 있다.

    동네 뒷산에서 동생과 찍은 사진을 보면 동생은 파란색 스웨터에 빨간색 바지, 나는 파란색 바탕에 흰색 브이(V) 도안이 있는 스웨터에 진청바지를 입고 있다. 파란색과 빨간색이 조화로운 차림이다.

    엄마, 언니, 나 셋이 똑같이 맞춰서 신었던 큐빅 박힌 흰색 조리 슬리퍼도 기억난다. 네크라인과 소매에 프릴이 있고 그 위에 귀여운 자수가 놓아진 언니와 나의 연분홍색과 연하늘색 세트 잠옷도 예뻤다.

    언니가 고등학생이 되고 내가 중학생이 되어 스스로 옷을 사기 시작하면서 엄마가 사준 옷이 우리의 옷장에서 점차 사라졌지만 그때 그 옷들은 기억 속에 남아있다. 어린 시절 옷은 지금 사진으로 봐도 예쁘다. 엄마의 센스.

사랑

추억3

옷을 맞춰 입는 것이 유행인 때가 있었다. 기성복 브랜드가 본격적으로 나오기 전 80년대 초반쯤이다. 그때 서울에서는 옷을 남대문 시장(동대문 시장은 없었던 것 같다)에서 사거나 동네 양장점에서 맞춰 입었다. 동네마다 한두 군데씩 있었던 작은 양장점은 여자들의 아지트였다. 엄마도 양장점을 애용했다. 언니와 내 옷도 몇 개 맞춰 주었다.

맞춤 옷 중에서 빨간색 모직 투피스가 생각난다. 초등학교 5학년이었던 내가 앞머리를 일자로 자른 단발머리를 하고 빨간색 모직 투피스를 입고 있는 사진이 있다. 테일러드 재킷과 맞주름이 잡힌 무릎길이의 스커트 셋업 투피스였다. 초등학생이었지만 빨간색 투피스를 입은 내 모습은 꽤나 성숙해 보였다. 그 옷을 입었을 때 기억은 뭔가 기분이 묘했던 것 같다. 어른이 된 기분이랄까?

맞춤옷에 같이 달려 온 잠자리 모양의 작은 브로치도 기억난다. 그런데 나중에 알고 보니 그 양장점 주인여자가 남자였던 것이다. 그 사실을 알고 엄마를 포함해 동네 아줌마들이 기겁을 했다.

<u>추억4</u>

어릴 때 안경 쓴 아이들이 왜 그렇게 부러웠던지. 안경이 너무 쓰고 싶었다. 눈이 좋으니 안경을 맞춰 달라고 할 수도 없었다. 왜 내 눈은 이렇게 좋은 건지. 눈이 나빠지게 하려고 별짓을 다 했다. 텔레비전 브라운관에 코를 붙여 가까이서 보기도 하고 이불 속에 들어가 플래시 불빛을 눈앞에 갖다 대기도 했다. 그래도 눈이 나빠지지 않았다.

    미술시간에 쓰던 철사로 안경을 만들었다. 검은색 물감으로 칠했다. 나름 그럴듯했다. 안경을 쓰고 TV를 봤다. 잘 보였다. 안경을 쓰고 공부를 했다. 공부가 잘 됐다.

    학교에서 돌아온 언니가 나를 보더니 배꼽을 잡고 웃었다. 뭐지? 왜 저래? 기분 나빴다. 동생도 보더니 키득키득 웃었다. 뭐야? 엄마가 밥 먹으라고 불렀다. 나를 보자마자 풉 하더니 박장대소하는 엄마. 거울을 봤다. 나도 웃었다.

사랑

추억5

중학교에 올라가 교복을 입었을 때 거들(girdle)이라는 속옷을 처음 알았다. 거들은 몸을 보정하기 위한 것으로 몸을 꽉 조이도록 만들어졌다. 초등학교에서 중학교로 올라온 아이들 사이에서 거들은 어른이 되는 관문 같은 것이었다. 엄마나 선생님이 입으라고 한 것도 아니었다. 왠지 당연히 입어야 하는 것처럼 느꼈다. 거들은 사춘기 여학생들에게는 자의적인 억압으로, 교복이 주는 소속감과 함께 묘한 자부심을 심어 주었다. 그즈음 생리가 시작됐다. 거들은 생리 때 아주 요긴했다. 생리대를 몸에 잘 밀착시켜 주었다. 그러나 나는 거들을 금세 벗어 버렸다. 도저히 입을 수가 없었다.

불쾌했다. 답답했다. 숨이 막혔다. 참을 수가 없었다. 배가 아프고 피부 발진이 생겼다. 거들이 체형을 날씬하게 해준다고 생각했지만 사실은 그렇지 않다는 것을 깨달았다. 거들로 배는 눌려 들어갔지만 허리 위, 허벅지 아래로 살들이 삐져나와 오히려 부자연스러워 보였다.

    그런 불편함을 감수하고 거들을 포기하지 않은 아이들은 많았다. 그 이유는, 자신의 체형의 결점을 보완하고 아름다운 체형으로 다듬기 위해서, 조금이라도 더 예뻐 보이려는 욕망이 있기 때문이다.

    그러나 나를 옥죄는 불편한 옷은 나를 힘들게 한다.
    힘들게 하는 옷은 자존감을 떨어뜨린다.

*

보이지 않는 곳에서
나를 감싸주는
내 몸을 살피는 옷
부드러운 밀착
세심한 보살핌
비밀스런 자신감
은근한 만족

보이지 않는 곳에서
조용히 배려하는
은밀한 속삭임

속옷은,
내 몸을 살핀다.
내 몸을 관찰한다.
내 몸을 지속한다.
내 몸을 구속한다.

속옷은,
기분과 태도
욕망과 자극
내면의 깊은 곳
비밀일기 같은 것

사랑

추억6

한복을 입어본 지가 언제였더라. 아마 대여섯 살 때가 마지막이었던 것 같다. 추석이나 설 명절에 입은 사진이 있다. 그때 신었던 꽃버선이 아직도 남아 있다. 흰색 면에 조그만 꽃이 수놓아져 있는 버선으로, 엄마가 버리지 않고 가지고 있었다.

   한복을 입었을 때의 기억을 떠올리면 재미와 설렘도 있었지만 동시에 어색함과 왠지 모를 묘한 오글거림이 있었다. 한복을 입으면 어른들에게 절을 해야 하는 부담이 있었기 때문이다. 내성적이고 쑥스러움이 많은 나는 앞에 나서는 것을 좋아하지 않았다. 그리고 불편함도 있었다. 가슴 부분을 조이는 치마와 발을 조이는 버선은 갑갑하고 불편해서 몇 시간 못 버티고 벗어 던진 기억이 난다.

   커서는 한복을 입을 일이 거의 없었다. 여고시절 생활관이라고 하는 예의범절을 가르치는 교양 수업에서 잠깐 착용한 것이 전부였다. 그때도 한복을 왜 입지? 하는 부정적인 생각을 가지고 있었다. 또 있다. 다른 나라의 국가 원수가 내방했을 때 환영을 위해 학생들이 단체로 동원된 행사에서도 한복을 입었다. <살인의 추억>(2003, 봉준호 감독)에서 묘사된 장면과 같다. 그 장면을 보면 그 시대의 암울함이 느껴진다.

   아무튼 어릴 때 기억으로는 특별히 예쁜 것도 아니고 불편한 한복을 입는 시간이 좋지 않았다. 착용자로서의 한복은 그다지 좋은 기억은 아니다. 그러나 요즘 한복이 눈에 들어온다. 한복이 예뻐 보인다.

*

한복은 저고리와 치마로 구성되어 있다. 지금의 한복은 조선시대 한복의 형태가 이어져 내려온 것으로, 짧은 저고리와 가슴까지 올라오는 긴 치마가 특징이다. 시대별로 저고리와 치마길이가 변화를 거듭해왔다.

    저고리와 치마의 비율은 절묘하다. 옷고름과 동정으로 구성되어 있는 저고리는 곡선과 직선이 만나 독특한 형태미를 자아낸다. 직사각형에 주름을 만들어 두르는 치마는 랩스커트의 원조나 다름없다.

    한복의 아름다움은 옷감과 색 조합에서 더욱 빛난다. 누에고치에서 풀어낸 견사로 짠 무늬가 없는 평직 직물인 명주는 부드러운 감촉과 소박한 광택으로, 노방은 은은한 비침으로, 수자직 바탕에 무늬가 직조되어 있는 양단은 고급스런 광택과 화려한 색감으로 한복의 고유의 아름다움을 전한다.

    한복의 색 배합은 아름답다. 저고리와 옷고름, 치마의 색 조합은 무궁무진하며 독특한 감각을 보여준다. 평면에서 만들어진 곡선과 직선의 조화로움이 선사하는 한복의 아름다움은 풍성하다. 소박함, 여유로움, 강인함, 신비로움, 섹시함 등 다양한 느낌이 담겨 있다.

    한복은 세계의 여러 나라 전통복식 중에서 가장 아름답고 유니크하다.

사랑

추억7

<세상 밖으로>(1994, 여균동 감독)때, 촬영장에 의상을 빼놓고 와서 곤혹을 치른 적이 있다. 지금 생각해도 악몽이다. 촬영장이 전라도였는데 의상은 서울에 있었다는 것이 문제였다. 더 큰 문제는 그 사실을 촬영 전날도 아니고 촬영하는 날 바로 직전에 옷이 없다는 사실을 알게 된 것이다. 더욱 더 큰 문제는 그 옷이 '연결의상(같은 신에서 입는 의상. 같은 신을 나눠서 찍는 경우가 많기 때문에 의상을 연결시키는데 신경을 써야 한다.)'이라는 것이었다.

눈앞이 캄캄했다. 있을 수 없는 일이었다. 의상을 빠뜨리는 일은 절대 있으면 안 되는 일이었다. 하루 전에만 알았어도 밤사이 가지러 다녀오거나 서울에 있는 누군가에게 부탁을 했을 텐데 촬영 당일 아침에 이 사실을 알았으니 큰일이 난 것이다. 연결의상이 없으면 촬영을 할 수가 없다(만약 연결의상이 아니라면 다른 옷을 대안으로 설정해서 찍을 수는 있다). 촬영을 하지 못한다면, 누구 하나의 실수로 그날 촬영이 취소되면 막대한 비용의 손실을 본다. 영화 촬영할 때 한 회차 당 드는 비용은 상당하다. 그래서 모든 스태프는 긴장할 수밖에 없다. 게다가 당시는 필름시대였다. 전라도에서 서울까지 제 시간에(촬영시간에 맞춰) 다녀오는 것은 불가능했다. 낮 장면인데 다녀오면 이미 해가 다 지기 때문이다.

이 사태에 대한 긴급회의가 열렸다. 감독과 연출파트, 제작파트가 모여 대책을 논의했다. 대체할 수 있는 장면(Scene, 장소나 배우 상황 등 여건이 맞는 경우 다른 장면으로 대체하기도 한다)도 없었다. 최대한 비슷한 옷을 구해서 찍는 것으로 결론이 났다. 그런데 또 문제가 있었다. 연결의상이 와이셔츠였는데, 일반적인 흰색 와이셔츠가 아니라 칼라와 몸판 부분이 다른 옷감(칼라는 흰색, 몸판은 하늘색 스트라이프)으로 만들어진 흔하지 않은 디자인이었던 것이다. 게다가 촬영지는 구석진 시골이었다. 근처에 백화점과 대형마트는 물론이고 시장도 없는 곳이었다. 그래도 혹시 모르니 비슷한 것을 찾기 위해 제작, 연출, 미술 스태프들이 의상팀과 함께 나섰다. 한 팀은 시내에 있는 시장으로 갔고, 나머지는 동네 집집마다 문을 두드리며 비슷한 옷이 있는지 물어봤다. 마침내 시내에서 비슷한 와이셔츠를 찾는데 성공했다. 예정된 촬영 시작 시간에서 서너 시간 지체됐지만 촬영을 할 수 있었다.

 끔찍했던 하루였다. 그날 나는 얼굴을 들 수가 없었다. 그나마 다행이었던 것은 구할 수 있는 옷이었기에 망정이지 비슷한 것을 구할 수도 없는 독특한 디자인의 의상이었으면 그날 촬영은 아예 불가능했을 것이다. 그리고 그에 대한 책임은…….

 생각만 해도 아찔하다.

사랑

선물

내가 아끼는 옷은 선물 받은 옷이다. 추억이 새겨진 옷이다.

    옷은 평범하지만 특별한 선물이다.
    옷을 선물하기가 망설여 질 수 있다. 옷은 누구에게나 흔한 것이기도 하고, 마음에 들지 않으면 오히려 귀찮은 물건이 될지도 모르기 때문이다. 하지만 옷 선물에는 주는 사람의 세심한 마음과 정성이 담겨 있다. 옷 선물은 받는 사람에게 잘 어울리고, 마음에 들어 할 것을 고르느라 그 사람에 대해 더 많은 생각을 하게 된다.
    옷은 사랑하는 사람, 가까운 사람에게 주고 싶은 선물이다.
    옷 선물은 받을 때도 줄 때도 기분이 좋다.
    선물 받은 옷은 마음에 들어도, 들지 않아도 모두 다 소중하다. 내 취향과 다른 옷을 선물 받아도 좋다. 나라면 절대 고르지 않는 옷을 선물 받으면 새롭고 재미있다.
    입을 사람을 생각하며 고른 옷, 주는 사람의 취향이 담긴, 그의 색깔이 묻어 있는 옷은 특별하다.
    선물 받은 옷은 추억으로 남는다. 그때의 감정들이 새록새록 떠오른다. 웃음이 난다. 미소가 지어진다. 행복해진다. 좋은 기억.

    옷 선물을 추천한다. 비싼 옷이 아니어도 된다. 가벼운 티셔츠나, 양말, 속옷 같은 작은 옷이라도 좋다.

옷을 주고받으면 서로를 깊이 생각하게 된다.

선물 받은 옷은 버리지 않는다.
다른 사람에게 주지도, 처분하지도 않는다.
선물 받은 옷을 보고 있으면 기분이 좋다.
보는 것만으로 행복하다.

    화사한 드레스, 따스한 스웨터
    멋진 코트와 롱부츠
    실용적인 티셔츠
    사랑스런 속옷들

    함께 했던 시간들
    함께 나눈 이야기

    시간은 흐르고 마음도 움직이지만
    사라지지 않은 사랑의 증거
    추억은 옷장 속에 남아 있다.
    사랑은 가도 옷은 남아 있다.
    사랑은 좋은 추억
    사랑은 지속된다.

사랑

*

방 정리를 하다가 한쪽 구석에 옷가지들이 가득 쌓인 바구니를 들춰 보았다. 이 바구니는 버리는 옷들을 모아 둔 바구니다. 주로 오래 입어 낡은 티셔츠, 바지, 속옷, 양말 등이 들어 있었다. 간혹 멀쩡한 옷들도 있었다. 이걸 왜 버리려고 했지? 생각이 나지 않는다.

    버리려는 순간에는 그때그때 마음이 다르다. 맘에 들지 않아서, 싫증나서, 입을 일이 없어졌거나 이제는 더 이상 입을 것 같지 않아서(불편하거나, 기억을 지우고 싶어서 등).......

    어떤 기억을 지우고 싶었을까.

    바구니에 들어간 옷들을 하나하나 다시 꺼내 본다. 낡은 속옷은 가위로 잘라 안 보이게 종이에 싸서 쓰레기통에 넣는다. 구멍 난 양말도 버린다. 낡은 티셔츠는 잠 잘 때(잘 때는 오래 입어 얇아진 면이 편하다) 입기 위해 다시 꺼낸다. 좋아했던 추리닝 바지와 추억이 담긴 로브는 다시 꺼낸다.

    옷을 정리할 때마다 추억이 새록새록. 나쁜 기억도 좋은 기억도 옷과 함께 추억으로 남아 있다.

1980년 이화여대 교정에서 찍은 가족사진

소통

어떻게 입을 것인가

"다른 사람들이 단순하게 살 수 있도록 단순하게 살아라."

마하트마 간디

옷은 표시의 언어. 감각의 언어. 감정의 언어. 소통의 언어. 파급의 언어. 역동적이며 다면적인 메시지.

옷은 소통의 도구다. 옷은 나와, 내 가족과, 내 친구와, 내 동료와, 내가 사랑하는 사람과의 의미 있는 연결이다. 감정을 교환하고 서로를 탐색하고 이해하며 관계를 쌓아 나간다.

옷을 입는다는 행위는 사회 속에서 특별한 기능을 발휘한다. 옷은 표현하고 소통한다.

소통

감각

: 눈, 코, 귀, 혀, 살갗을 통하여 바깥의 어떤 자극을 알아차림.
: 사물에서 받는 인상이나 느낌.

감각은 보이지 않는 소통의 기술이다.
우리의 감정과 기억을 형성한다.

옷은 우리의 감각과 밀접하게 연결된다. 색과 생김새로 시각적 자극을 느끼며, 질감으로 촉각을 경험하고, 향기로 미묘한 감정을 형성한다.
옷의 감각은 단순한 물리적 경험뿐만 아니라 우리의 감정과 정체성을 형성한다. 오래된 스웨터에서 나는 체취, 세탁 후 남은 잔잔한 세제 향은 기억과 감정을 불러일으킨다.
옷의 감각은 삶을 풍부하게 한다.

*

옷은 보이지 않는 감각을 드러낸다.
옷의 감각은 직관적이다.
옷의 감각은 종합적이며 광범위하다.
옷의 감각은 다양한 정보를 포함한다.

옷을 입는 이유

복식 이론에서 의복의 기능은 기후와 외부 환경으로부터 신체를 보호하는 기능과 자신을 나타내고자(표현하고자) 하는 장식적 기능, 그리고 부끄러움(수치심)을 가리기 위해서 옷을 입는다는 정숙성과 몸의 관심을 끌기 위한 목적으로 입는다는 비정숙성(Immodesty in Clothing: 단정치 못한 옷차림)으로 설명한다.

옷은 기후와 환경에 가장 많은 영향을 받는다.
옷을 입는 행위는 사회 분위기, 시대의 문화 양식, 종교 등 사회·문화적 기준에 따라 다르며 그것을 바라보는 시각도 다양하다.
아프리카 지역의 사람들은 더운 기후 때문에 인체의 중요 부위만을 가리며, 인도의 여성들은 사회규범에 따라 머리부터 발끝까지 가려야 한다.

- 가리려고 입는다.
- 보이려고 입는다.

옷을 입는 이유는 모순적이지만 이 두 가지 목적을 모두 포함하고 있다. 이것은 인간의 본능적인 욕구인 생존과 종족보전과 관계가 있다.

유혹

유혹은 곧 권력이며 권력을 좋아하는 본성을 가지고 있는 한,
인간은 결코 유혹자가 되고 싶은 욕망에서 벗어나지 못한다.[✢]

인간은 자신의 욕망을 채우기 위해 유혹이라는 도구를 사용한다.
유혹은 권력을 쟁취하기 위한 계산된 노력이다.

유혹은 사랑하도록 만드는 적극적인 행위다.
유혹은 아름다움, 관계의 연결, 자기표현에 대한 욕망을 건드린다.

*

옷은 유혹의 기술
유희의 도구
쟁취를 위한 도구
유인의 도구

[✢] 로버트 그린 『유혹의 기술』 (2009), 10쪽, 강미경 옮김, 이마고

◦ 옷은 유혹이다.

옷은 자신감. 마력. 강렬함. 자극. 매혹. 즐거움. 욕망. 환상. 에로틱. 비밀. 아슬아슬한. 달콤한 메시지.

◦ 벗기 위해 입는다.

옷이 있어야 유혹할 수 있다.
벗는 행위는 유혹적이다.

*

● 노출의 미학과 아이러니

옷을 입어야 노출할 수 있다.

노출의 전제는 옷을 입어야만 한다는 것이다.
빛이 있어야 존재하는 어둠과도 같다.

노출은 어떤 옷을 입었느냐에 달려있다.
어디를 어떻게 얼마나 보여주느냐의 문제다.

*

윤곽이 드러나는 실루엣은 유혹적이다.
부드러운 실크의 감촉은 유혹적이다.
살며시 비치는 시스루는 유혹적이다.
아슬아슬한 트임은 유혹적이다.
깊이 파인 네크라인은 유혹적이다.
속삭이는 레이스는 유혹적이다.
강렬한 레드는 유혹적이다.
시크한 블랙은 유혹적이다.
아찔한 하이힐은 유혹적이다.

걸음걸음마다 숨을 쉴 때마다
시선을 자극한다.
성의 매력을 드러낸다.

*

가느다란 높이
흔들리는 균형
아찔한 리듬
도도한 자신감
또각이는 소리마다 증폭되는
자부심과 우월감
하이힐은 시선을 끈다.
고통을 인내하며
도발하는 대담함
불균형한 아름다움
복잡한 내면의 상징

소통

*

단정함은 유혹적이다.
단순함은 유혹적이다.
수수함은 유혹적이다.
청결함은 유혹적이다.
온화함은 유혹적이다.

유혹하는 옷은 과하지 않다.
유혹하는 옷은 천박하지 않다.
유혹하는 옷은 은은하다.
유혹하는 옷은 감미롭다.
유혹하는 옷은 마음을 사로잡는 감동이 있다.
유혹하는 옷은 깊은 욕망과 심오한 비밀을 간직한다.

*

우월감, 욕망, 허영심, 외로움으로 유혹에 빠져든다.
유혹은 부정적인 면을 가지고 있다. 유혹은 자신의 욕망을 채워주기도 하지만 유혹에 끌리는 것은 어쩌면 파멸에 이르는 길이 될 수도 있다.

소통

표시

옷은 내가 누군지, 어떤 사람인지 알리기 위해 입는다.
타인과 구분 짓기 위해서 입는다.
자신은 다르다는 것을 보여주기 위해 입는다.

*

<슬픔의 삼각형>(2023, 루벤 외스틀룬드 감독)은 계급과 계층, 권력, 사상, 젠더간의 미묘한 관계를 풍자한 영화다. 옷은 신분, 권력, 부를 표시한다. 호화 크루즈에 탄 사람들은 값비싸 보이는 보석과 액세서리를 착용해 부유함을 직접적으로 드러내며, 부드럽고 온화한 파스텔톤 색으로 풍요로움을 보여준다. 러시아 갑부 디미트리의 옷은 캐주얼하지만 디테일을 보면 고가임을 알 수 있다. 클래식 셔츠의 윤기 나는 옷감, 칼라 안쪽 밴드 부분에 살짝 드러나는 꽃무늬, 포인트가 되는 단추 디테일은 최상급 퀄리티를 보여준다. 화사한 파스텔 핑크는 여행에 아내와 애인을 동반한 뻔뻔한 늙은 남자의 탐욕스러움을 모순적으로 표현한다. 독일어로 구름 속에서란 뜻의 '인 덴 볼켄'만을 부르짖는 여자의 하늘색 셔츠는 지적이며 고급스러운 이미지를 보여준다.

    크루즈가 난파되어 무인도로 표류된 몇 명의 사람들. 아무것도 없는 원시시대와도 같은 상황에서 돈, 지위, 외모는 의미가 없다. 오로지

생존을 위해 배를 채우는 것이 우선이다. 따라서 일을 하고 먹을 것을 해결할 수 있는 능력이 있는 자가 권력자가 된다. 그 능력이 없는 자는 권력자의 노예가 된다.

    이곳에서도 옷은 권력의 표시가 된다. 각자에게 남아있던 귀금속, 시계, 명품 등은 권력자에게 바쳐진다. 복종하는 사람만이 생존할 수 있다. 승무원복을 입는 여승무원은 섬에서도 직무를 충실히 한다. 어떤 것이 권력인지 잘 알고 복종한다. 한 남자는 당나귀를 때려잡은 후 턱시도로 갈아입는다. 손낚시로 식량을 해결해 이 섬의 권력자가 된 에비게일. 그녀는 문어를 잡아 나눠 주면서 사람들에게 자신이 이 섬에서는 선장이라고 주장한다. 식량을 해결할 수 없는 사람들은 크루즈에서 가장 아래 계층의 하녀였던 에비게일의 명령에 따라야 한다. 에비게일의 몸에는 어느새 케이프가 걸쳐져 있다. 그리고 캡모자와 롤렉스(구명정 안에서 재워준 대가로 받은 고가의 시계)는 이제 그녀의 것이다. 이것들은 그녀의 지위와 권력을 표시한다. 사람들은 표시된 자를 저항 없이 받아들인다.

    마지막 장면이 인상적이다. 사냥을 나선 에비게일과 야야가 생뚱맞게 엘리베이터를 발견한다. 이 엘리베이터가 세상으로 다시 돌아 갈 수 있는 문이라는 것을 직감한 야야는 에비게일에게 같이 가자고 한다. 그러자 "이 순간을 만끽하고 싶어" 라고 말하며 야야를 죽이려 하는 에비게일. 에비게일에게 섬에서 나가면 일자리를 준다고 한 야야는 어리석었다. 지금 최고의 권력자인데 다시 원점으로 돌아간다고? 있을 수 없는 일이다.

규칙에 대하여

드레스 코드는 때, 장소, 상황(Time, Place, Occasion)에 맞게 옷을 입는 것으로 사회적으로 통용되는 옷차림의 규칙(약속)이다. T.P.O를 고려한 차림은 안정적인 인상을 준다. 행동과 목적에 맞는 차림은 입는 사람, 보는 사람 모두에게 편안함을 준다. 이것은 드레스 코드의 순기능이다.

결혼식과 장례식의 드레스 코드는 오랜 시간 많은 사람들이 따르면서 정착된 사회 문화다. 사람들은 이 드레스 코드를 예의로 받아들인다.
결혼식에 초대받아 갈 때 신부보다 눈에 띄지 않게(예쁘게 보이지 않게) 입고 가는 것, 장례식장에 가기 위해서 검은색 옷을 차려 입는 것은 예의다.
공식적인 자리에 정장을 착용하는 것은 예의다.

파티나 행사 등에서 요구하는 드레스 코드는 또 다른 문화다. 할로윈 데이나 크리스마스 파티, 파자마 파티 등 사적인 모임의 드레스 코드는 재미 요소로 흥미를 끈다. 이러한 드레스 코드는 분위기를 즐기려는 자발적 호응이다.

그러나 차별의 결과로 이어지는 드레스 코드도 있다.
정장을 입어야 입장이 가능하거나 복장이 불량하면 입장할 수 없는 규칙, 허름한 차림으로 가면 은근히 무시(고급 레스토랑, 호텔, 클럽, 고급 의류샵, 명품 브랜드샵 등) 하는 보이지 않는 규칙.
    이러한 드레스 코드는 어쩌면 집단의 우월감, 이기심, 차별, 배척을 기저에 깔고 생겨났는지도 모르겠다.

*

    드레스 코드,
    인간의 본능에서 온 것인지,
    옷의 본질인지,
    옷이 가지고 있는 속성인지.

    답답한 옷은 소통을 방해한다.
    정체된 옷은 발전을 저해한다.

패션

"예술은 대개 시간이 지나면 아름다워지는 추한 것을 만든다. 반면, 패션은 언제나 시간이 지나면 추해지는 아름다운 것을 만든다."

장 콕토(Jean Cocteau 1889~1963)

패션은 시대의 흐름 속에서 나타나는 행동 양식으로, 의복, 음식, 건축, 음악, 미술, 문학, 사상, 정치, 과학 등 모든 영역에서 나타난다. 주기적으로 나타나는 패션 트렌드와 스타일은 사회적 가치와 문화적 규범의 변화를 반영한다.

 철학자 아담 스미스(Adam Smith)는 패션이 인간의 도덕성에 영향을 미친다고 주장했다. 칸트는 "모든 패션은 그 개념에 있어서 변화 가능한 삶의 방식들"을 의미한다고 언급하며 인간 생활방식의 일상적인 변화를 강조하는 차원에서 패션을 이해하고 있다.[+] 철학자 리포베츠키(Lipovetsky)는 "패션은 특정 대상과는 독립적으로 존재하는, 사회적 변화의 특정한 형식 중 하나일 뿐이다. 오히려 이것은 집합적인 삶의 다양한 영역에 영향을 끼칠 수 있는 시간적 기간, 혹은 어떤 유행하는 변화라고 말할 수 있는 사회적 메커니즘"이라고 말한다.[++]

[+] 라르스 Fr. H. 스벤젠, 『패션철학』 역자 도승연, 2013, M.D, 18쪽
[++] 라르스 Fr. H. 스벤젠, 『패션철학』 역자 도승연, 2013, M.D, 19쪽

철학자들은 패션을 단순한 의복의 개념을 넘어서 인간을 성찰하는 삶의 방식으로 이해하고자 한다. 패션은 '미적인 멋'을 위한 집단적인 생활양식만이 아닌 삶의 요체(要諦)라고 말한다. 이는 패션이 사회의 일반적인 수준에서 작동하는 사회적 메커니즘이라는 것을 의미하며, 패션을 하나의 문화현상이며 소통이라고 보는 것이다.

패션이라는 문화현상은 남과 다르면 불안해지는 심리로부터 나타나는 동조현상으로도 설명된다. 이러한 동조현상은 소속감이 주는 심리적 안정감과 인정받으려는 욕구를 바탕에 두고 있다. 소속감은 깊숙한 곳에 내재된 욕망과 우월감이다. 고가의 명품 브랜드가 패션이 된 이유는 여기에 있을 것이다.

이러한 현상 속에 살고 있는 우리는 자신의 개성을 표현하기 위한(패션을 따르는) 노력이 오히려 개성을 사라지게 하는(개성과는 거리가 멀어지는) 모순을 경험하고 있다. 개인의 취향에 따른 선택보다는 다른 사람의 시선을 의식하고 관심을 끌기 위한 패션은 모든 이를 똑같이 만든다. 이는 패션의 맹목적인 수용의 결과다.

"새로움이야말로 패션을 매혹적으로 만든다." 라고 말하며 새로움을 패션의 가장 본질적인 속성이라고 강조한 칸트[+]를 비롯해 패션 이론가들은 '새로움'이 패션을 구성하는 가장 중요한 특성이라고 보았다.[++]

[+] 라르스 Fr. H. 스벤젠, 『패션철학: 패션에 대한 철학의 대답』 도승연 옮김, 2013, MID, 42쪽
[++] 라르스 Fr. H. 스벤젠, 『패션철학: 패션에 대한 철학의 대답』 도승연 옮김, 2013, MID, 41쪽

그러나 안타깝지만 새로움은 패션 추종자들에게서는 찾아볼 수 없는 속성이다.

근대 기능주의(Modern Functionalism)의 선구자로 알려져 있는 오스트리아의 건축가 아돌프 루스(Adolf Loos, 1870~1933)는, 역설적이게도 새로운 것이란 오직 지속될 수 있는 것, 오랜 기간에 걸쳐 지속 가능한 것만이 '패션'의 이름을 가질 자격이 있고, '<u>다른 사람들과 전혀 구별되지 않는 옷차림을 한 이가 실은 가장 패셔너블한 사람</u>'✥ 이라고 주장했다.

루스의 말은 모순적으로 들릴 수 있지만 패션에 대한 다른 시각을 제시했다는 점에서 의의가 있다.

패션은 우리가 얼마나 능동적이고 주체적으로 받아 들이냐에 따라 단순히 따라하는 행위나 쉽게 소모되는 것이 아닌 시대를 아우르는 문화로서의 가치를 창조한다.

패션은 단순한 행동 양식을 떠나 삶의 태도로서 의미가 있다.

그렇다면 패션을 수용하면서 새로움을 잃지 않는, 자신만의 취향과 개성을 살리는 패션의 주체가 되어 패션의 의미를 다시 한 번 생각해 보는 것은 어떨까?

✥ 라르스 Fr. H. 스벤젠, 『패션철학: 패션에 대한 철학의 대답』 도승연 옮김, 2013, MID, 41~42쪽

옷의 진화와 혁신

동물의 가죽/털, 누에고치, 목화, 마... 자연섬유.
나일론, 폴리에스테르... 인조섬유.
섬유가 실이 되고 실이 직조되어 옷감이 된다.

옷은 재료의 개발과 직조기술의 발전으로 진화되었다.
염색, 직물 가공 기술의 발전으로 진화되었다.
금속 바늘, 재봉틀...
도구의 발명으로 진화되었다.

옷은 편안함을 위해 진화되었다.
평면에서 입체로, 복잡함에서 단순함으로, 구속에서 해방으로 진화되었다. 보완하고 표현하는 기능으로 진화되었다.
옷은 보이기 위한 것에서 기능을 위한 옷으로 진화되었다.
속옷, 잠옷, 운동복, 유니폼, 작업복 등 용도에 세분화되어 진화되었다.

옷은 고대부터 중세, 근세, 근대, 현대에 이르기까지 사회의 발전과 함께 진화되었다. 사상, 규범, 가치관이 진화되어 오면서 신분, 지위, 권력에 의한 차별에서 능력에 따른 선택으로 진화 되었다. 아르누보, 참정권, 여권신장, 전쟁, 산업혁명, 기술혁신, 경제발전, 문화혁명 등 광범위한 사회적 변화에 따라 많은 진화를 거듭해 왔다.

패션의 진화는 옷이 시간과 사회·문화현상을 거쳐 구현된 소통의 방식이다. 패션은 사회적 지위, 문화적 소속감, 연대감을 보여주는 시각적 기호로 삶의 철학, 가치관, 사상을 나타낸다.

· 엠블럼, 휘장 : 권위. 차별. 그룹의 식별. 그들만의 세계.
· 펑크, 히피, 글램룩, 그런지룩, 가죽 재킷, 찢어진 청바지,
  피어싱, 미니스커트 : 젊음. 반항. 저항. 해방.
· 친환경, 지속 가능한 : 더불어 살아가는. 의식 있는.

　　"패션이 스스로 진화한다고 생각하지 않습니다. 패션 뒤에는 보다 급격한
　　사회적 변화가 있죠."

헬무트 랑

　　기술적 진보는 직물 생산 방법에 발전을 가져왔다. 산업혁명은 대량 생산을 가져왔고 의류를 더욱 접근하기 쉽고 저렴하게 만들었다. 20세기 중반 폴리에스테르, 나일론과 같은 합성섬유의 출현은 패션에 혁명을 일으키며 새로운 질감과 내구성을 제공했다.
　　오늘날 기술의 발전으로 지속 가능한 소재와 스마트 직물이 도입되었으며, 이는 환경에 미치는 영향과 기술을 일상생활에 통합하는 것에 대한 현대인의 관심을 반영한다.

● 혁신

혁신은 기존의 방식을 완전히 바꿔 새롭게 함으로써 편리하게 하는 데 의미가 있다.

○ 샤넬

제1차 세계대전으로 인해 산업에서도 여성의 노동력이 필요하게 되었다. 공장에서 일하는 여성들은 편하게 움직이기 위해 거추장스러운 치마 대신 바지와 짧은 소매를 입었다. 여성들은 활동에 불편하고 답답한 코르셋을 벗어 던졌다. 샤넬은 노동자와 서민의 옷을 패션에 도입했다. 샤넬의 디자인은 여성을 S라인에서 해방시켰다. 몸을 조이는 코르셋이나 화려한 드레이프 없이, 짧은 길이와 간소한 스타일로 여성의 활동성을 보장했다. 샤넬의 옷은 여성의 자존감을 높이는 데 큰 역할을 했다. 그녀가 서민층 옷에서 영감을 얻을 수 있었던 것은 그녀의 자존감에서 비롯된 것으로, 그녀가 살아온 삶은 그녀의 디자인에 그대로 투영되었다. 이로써 현대 여성복은 샤넬 이전과 샤넬 이후로 나뉘게 되었고, 샤넬은 패션 역사에 길이 남는 대단한 혁신가가 되었다.

1926년 샤넬이 리틀 블랙 드레스(LBD)를 발표하자 미국판 『보그』지는 "고급 취향을 가진 모든 여성들의 유니폼"이 될 것이라고 예측했다. LBD는 기존에 남성 정장이나 주로 상복에 사용되던 블랙을 여성복에 도입한 대담한 도전이었다. 당시 여성의 일상복에 블랙을 사용한 것은 꽤 획기적이었다. 이 옷은 패션에 큰 반향을 일으켰다.
샤넬의 LBD가 발표된 이후 블랙은 시크한 여성의 상징이 된다.

✢ 『20세기 패션 아이콘』 제르다 북스바움 역음, 금기숙, 남후남, 박현신, 허정선 옮김, 미술문화, 66쪽

소통

"세에라자드는 심플하지만 리틀 블랙 드레스는 복잡하다."

코코샤넬.✢

샤넬은 슬픔과 애도를 상징하는 조용한 색으로 인식되었던 블랙을 모든 장점을 포함한 강렬한 색으로 승화시킨다.

세련된 품위와 교양, 절제미와 세련된 도시적 감각을 느낄 수 있는 LBD는 낮에는 캐주얼하고, 밤에는 특별한 양면성을 지닌다. LBD의 심플함은 화려하고 다양한 액세서리와 조화를 이루면서 세련된 스타일을 연출한다. 샤넬은 LBD를 통해 여성들이 화려한 옷차림에서 벗어나 매력적이고 세련된 옷을 맛볼 수 있는 이득을 누릴 수 있다고 말한다.

LBD는 패션의 변화에 활력을 불어넣는다. 이 옷은 많은 디자이너들에게 영감을 제공하고 디자이너들은 다양한 변형과 해석을 통해 패션으로 발전시킨다.

1962년 위베르 드 지방시는 <티파니에서 아침을>(1962, 블레이크 에드워즈 감독)에서 블랙 드레스를 오마주했다. 오프닝에 등장한 이 드레스는 매우 강렬하게 각인된다. 홀리(오드리 헵번)의 블랙 드레스는 신선한 이미지를 선사했다. 그리고 오드리 헵번은 패션의 아이콘이 되었다. 욕망을 위해 능동적으로 행동하는 홀리 캐릭터를 잘 드러낸 의상이었다.

샤넬의 LBD는 독보적인 옷으로 패션에서 중요한 의미를 갖는다.

실용성과 기본을 강조하며 시대를 초월하는 세련미가 있는 이 옷은 여성 패션에 대한 사회적 인식의 변화를 상징한다. 단순한 패션

✢ 『20세기 패션 아이콘』 마르가트 J. 마이어, 제르다 북스바움 역음, 금기숙, 남후남, 박현신, 허정선 옮김, 미술문화, 65쪽

아이템을 넘어 여성의 자존감과 자유를 상징하는 LBD는 패션의 발명품이다.

> '리틀 블랙 드레스는 전형적이고 상투적인 여성의 모습을 거부하는 여성들의 유니폼이 되었다. 실용성이냐 모양이냐, 적극적인 주체냐 소극적인 대상이냐, 사느냐 죽느냐에서 리틀 블랙 드레스는 언제나 전자를 대변했다.'
>
> 마르기트 J. 마이어+

블랙은 어느덧 여성 패션에서 중요한 색이 된다. 블랙은 시크함의 절정이며 대담함을 표현하는 색으로 정착한다.

*

내가 처음으로 블랙을 입기 시작했던 것은 대학교 때부터였던 것 같다. 90년대 초반은 블랙이 패션에 본격적으로 도입된 시기였던 때로 기억한다. 그 전에는 블랙 옷이 흔하지 않았다. 블랙이 사용된 옷은 기본 정장이나 가죽점퍼 정도였다. 패션 브랜드에서는 블랙을 컬러 컨셉으로 잡기 시작했다. 베이지색 혹은 카키색이 기본인 클래식 트렌치코트에도 블랙 컬러가 등장했다. 블랙 트렌치코트는 시크했다. 블랙을 메인 컬러로 사용한 브랜드도 등장했다. 당시 패션에서 블랙은 과감한 색이었다. 블랙을 처음 입기는 쉽지 않았다. 그러나 블랙을 한 번 입은 후부터는 블랙을 벗을 수가 없었다. 블랙이 주는 이미지를 다른 색이 대체할 수

✛ 『20세기 패션 아이콘』 마르가트 J. 마이어, 제르다 북스바움 엮음, 금기숙, 남후남, 박현신, 허정선 옮김, 미술문화, 67쪽

소통

없었다. 블랙은 어디에나 잘 어울리면서 확실한 존재감을 준다. 블랙을 입으면 힘과 격식이 부여된다. 티셔츠, 면바지 등 캐주얼한 아이템이라도 블랙이면 포멀함이 갖춰진다.

블랙은 이중적인 힘을 발산한다.
단순하지만 진지한, 초라하지만 화려한.
블랙은 매혹적인 색이다.

○ 미니스커트
젊음의 반란과 성 해방의 상징.
1960년대 문화적 격변의 시기(페미니스트 운동, 성혁명, 보수적 가치에 대한 거부)에 등장한 미니스커트는 사회·문화적으로 중요한 역할을 했다. 영국 디자이너 메리 퀀트(Mary Quant)에 의해 발표된 미니스커트는 당시 젊은이들의 에너지와 자유로움을 표현했다.
미니스커트는 여성성을 재정의했다. 무릎 위로 과감하게 올라가는 짧은 스커트 길이는 이전 여성 패션에서 기대했던 조신함에 대한 직접적인 도전이었다. 미니스커트를 입는다는 것은 전통적인 기대에 부응하지 않고 스스로 옷을 선택할 수 있다는 대담함에 관한 표현이었다. 여성들에게 미니스커트는 단순히 여성의 섹슈얼리티를 반영한 옷이 아닌 독립과 권한, 정신의 해방을 상징했다. 그들은 자신의 신체에 대한 통제권을 주장했다. 비평가들은 이 사건이 여성의 존경심을 훼손하고 수치스럽고 부적절하다고 비판했지만, 그럼에도 불구하고 미니스커트의 인기는 트위기(Twiggy), 진 슈림프턴(Jean Shrimpton), 재키 케네디(Jackie Kennedy)와 같은 유명 인사들에 의해 높아졌다. 그들은 이 스타일을 수용하고 대중문화에서 그 입지를 확고히 하는 데 큰 역할을 했다.

    도발적인 출발에서부터 의미 있는 아이템이 되기까지 미니스커트는 여성 패션과 자율성에 대한 사회의 태도에 큰 변화를 가져오는 데 핵심적인 역할을 했다. 미니스커트는 도전하는 세대 정신을 나타내며, 사회 변화를 반영하는 패션의 힘을 보여준다. 젊음, 반란, 성 평등을 위한 지속적인 투쟁의 상징으로, 제한적인 패션과 전통적인 사회의 규범에 도전함으로서 패션 발전에 중요한 업적으로 기록된다.

*

시대는 변화하고 사회는 진화한다.
    지구온난화, 인구감소, 생활방식의 변화, 우주시대 등 환경과 사회 문화의 변화, 과학기술의 발전으로 앞으로도 의복문화는 지속적으로 변화될 것이다.
    옷도 이에 따라 진화될 것이다.

소유에 관하여

가지지 못한 불안함. 가지고자 하는 욕망.
소유의 갈증은 욕망을 불러일으킨다.

소유함으로 욕망을 채운다.
소유함으로 채워진 욕망은 만족되지 않는다.
또 다른 소유의 욕망을 불러일으킨다.

부질없는 욕망. 싫증. 버림.
한 때 욕망했던 것들, 소유했던 것들이 버려진다.

영원하지 않다.
소멸한다.

*

옷을 사러 갈 때 마다 매장에 빽빽하게 걸려있는 옷들을 보면 '예쁘다', '가지고 싶다'라는 마음보다 걱정이 앞선다. 저것들이 다 팔릴까? 누가 입지? 팔리지 않으면 어디로 가나? 저 옷들의 최후는? 이런저런 생각이 많아진다.

 스파(SPA)브랜드가 생긴 후 의류 폐기물의 심각성이 점점 커지고 있다. 소비자들은 가격이 저렴하고 품질이 좋은 스파브랜드의 유혹을 피하기 쉽지 않다. 스파(SPA)브랜드는 옷의 소비를 증폭시켰다. 계절마다, 특별한 이벤트가 있을 때만 장만하던 옷이 이제는 시시때때로, 지나가다가 맘에 들면 즉흥적으로 사는 아이템이 되었다. 과소비가 과잉생산으로 이어지는 악순환을 초래하고 있다. 필요한 옷만 구매하고 품질 좋은 제품들을 선택하여 오래 사용할 수 있도록 노력하는 환경친화적인 소비가 요구된다.

 결국 쓰레기가 될 텐데........ 이미 생산된(존재하는) 것들에 대한 걱정이 끊이지 않는다.
 삶의 필수 요소인 옷이 인간의 삶을 파괴하고 있다.

소통

쓰레기

물건들은 쓸모를 다 해 가치가 소멸되면 쓰레기가 된다. 그나마 쓸모를 다 한 물건은 쓰레기가 되어도 가치가 있지만, 과잉생산으로 쓰임도 없이 방치되고 버려지는 물건들을 보면 안타깝다.

- 한 때는 갖고 싶었던 물건. 욕망의 물건.
  옷. 신발. 가방. 장난감. 자동차. 집. 사람. 사랑.......
  소유하고 싶었던 모든 것들.
- 쓸모가 사라진 물건. 수명이 다한 것들.
- 만들기에 대한 욕망으로 인해 탄생된 것들.
- 욕망이 사라져 버려진 것들.
- 제 역할을 다한 것들.
- 이미 존재한 물건.

존재했던 사물은 사라지지 않는다.

그것은 무덤이었다.
무덤
꽤나 오랫동안 아무도 돌보지 않았던
잡초만이 무성한 무덤
죽은 쥐도 있었다.
말라비틀어진 형체로 알아본 건 아니었다.
그냥 왠지 쥐 같았다.
흉측했다.
안쓰러웠다.
뭐였을까.
누구였을까.
누군가요...

그것은 무덤이었다.
무덤
어디선가 비릿한 냄새가 났다.
삭은 내
그 냄새는
머물러 있었다.
무덤의 언저리를 포유(包有)하고 있었다.
그렇게
머물러 있었다.

냄새가 신경을 자극한다.
그것은 무덤

무덤 이었다.

무언가가 꿈틀거렸다.
바슥. 소리를 낸다.
꿈틀거린다.
힘겨운 움직임
분명 움직임이었다.

표피가 흘러내린다.

그것은 무덤 이었다.
무덤
말이 없는,
말이 없는 무덤이...
말을 한다.

"저에요"

떨리는 목소리

형체를 분간할 수 없었다.
누군가
그렇게 파묻혀 있었다.

무덤 속에

누군가
누군가가 있었다.

소통

창작 노트

늘 무언가를 새로 만들고 싶은 창작 욕구가 있지만 넘쳐나는 물건들을 보면서 많은 생각을 한다.

디자인을 한다는 것(사용할 물건을 만든다는 것)은 인간에게 유익함을 제공하기 위한 작업으로 가치 있는 일이다. 만드는 사람은 사용하는 사람의 욕구를 충족시키며 기쁨을 느낀다. 여기에는 사명감과 책임감이 따른다.

- 쓸모 있는 것, 도움이 되는 것을 만들어야 한다.
- 적어도 해가 되어서는 안 된다.

디자이너로서 이런 사명을 늘 염두에 두고 조금이라도 불필요하거나 도움이 되지 않는 것은 만들지 않겠다는 강박에 가까운 철학이 있기에 무언가를 새로 만든다는 것이 늘 조심스럽다.
이런 마음은 물건을 만드는 것이 부질없다는 생각으로 이어졌고, 급기야 유형의 것은 만들지 않겠다는 극단적인 생각으로 창작 의지를 접어버리기도 했다.

그러나 창작 욕구는 사라지는 것이 아니다. 끊임없이 터져 나오는 새로운 생각들과 자제하려는 마음이 충돌하며 머리를 어지럽힌다.

쓰레기를 만들지 않겠다.
무언가를 함부로.
생산하지 않겠다.
형태가 있는 것
눈에 보이는 것
손에 잡히는 것
결국 다 쓰레기들.
나까지 쓰레기를 만들고 싶지 않다.

소모되는 것
없어지는 것
사라지는 것
잠시 존재를 드러냈다가
흔적 없이 사라지는 것.
버릴 수 있는 것.
버려지는 것....

*

새로운 것, 세상에 없는 것을 만들고 싶다.

<u>유써니*스토리</u>

'의식 있는 디자인, 개념 있는 디자인, 공감하고 소통하는 디자인.'

나는 디자인을 할 때 먼저 '꼭 필요한 것인가'를 생각한다.
모든 사람에게 꼭 필요한 것, 삶을 위해 꼭 필요한 것이 아니면 굳이 만들고 싶지 않다.

나까지 쓰레기를 만드는 데 보탬이 되고 싶지 않다.

'옷보다 몸이 우선이어야 한다.'

옷이 몸을 힘들게 해서는 안 된다.
옷은 몸을 위해 존재하지만 몸을 힘들게 하는 옷들은 너무나 많다.
배를 조이는 코르셋, 다리를 압박하는 스키니핏 바지, 발 모양이
망가지는 신발, 어깨를 짓누르는 무거운 옷, 알레르기를 유발하는
건강을 해치는 옷, 행동을 불편하게 하는 옷……. 이런 옷들은 만들고
싶지 않다.

몇 년 전, 새로운 아이템을 개발했지만 샘플 작업 후 포기한 적이

있다.
이유는 옷감의 잘못된 선택 때문이었다.
샘플 작업을 하신 선생님께서 옷감 때문에 애를 먹었다는 이야기를 듣고 이 옷감으로는 옷을 만들면 안 되겠다는 결론을 내렸다.

*

요청했던 샘플 제작이 완성되었다는 연락을 받고 제작실에 방문했을 때의 일이다.
선생님께서 해맑게 웃으며 반갑게 맞이해 주셨다.
"어서 와요."
그리고 완성된 샘플을 건네주시며,
"옷이 참 예뻐요."
"와! 잘 나왔네요. 감사합니다."
선생님, 예의 해맑게 웃으며,
"그런데 이거 만드는데 너무 힘들었어요."
"네? 왜요?"
선생님께서 허공에다 두 팔을 허우적거리며,
"아우~ 여기 좀 봐봐"
"??"
하얀 것들이 공중에 떠있었다. 마치 함박눈이 내리는 것 같았다.
"어머. 이게 뭐에요?
"말도 마요. 이 옷감에서 얼마나 떨어졌는지 몰라. 옷이며 천이며 온갖 곳에 다 달라붙고 난리였다니까. 간지럽고 재채기에....... 만드느라 엄청 애 먹었어요"

"어머나!"

어느새 내 옷에도 하얀 눈송이가 덮여 있었다.

예상치 못했던 문제가 발생했다.

문제의 옷감은 플리스(Fleece)라는 직물이었다. 이 옷감은 1979년 미국의 폴라텍(Polartec)섬유회사가 개발한 합성섬유 소재로, 보온성이 뛰어나지만, 무겁고 세탁이 어려운 단점을 가진 양털(Wool)을 대체할 목적으로 제작되었다. 플리스는 따뜻하면서 가볍고 부드럽다. 관리가 쉽고 땀을 효율적으로 배출하여 쾌적한 착용감을 제공한다. 1990년대 후반 글로벌 스파(SPA) 브랜드에서 플리스를 소재로 만든 옷이 인기를 끌면서 대중화가 되었다.

이 옷은 남녀노소 겨울철 필수 의류로 대부분의 사람들이 최소 한 개 이상은 가지고 있을 것이다. 나 역시 이 옷을 애용했다. 가볍고 보온성이 뛰어나서 겨울이면 없어서는 안 될 필수 아이템이다. 이러한 장점 때문에 영화 스태프들은 겨울에 외부에서 촬영할 때 거의 플리스로 만든 옷을 입는다.

옷감은 옷의 가장 중요한 재료다. 그래서 옷을 만들 때 옷감에 각별히 신경 쓴다. 위의 아이템을 개발할 때 플리스를 선택한 이유는 착용한 경험으로 만족스러웠고, 무엇보다 동물의 털을 대체할 수 있다는 점이 끌렸다.

그러나 입을 때는 몰랐던 문제를 만들면서 알게 되었다. 만들 때 옷감에서 떨어지는 먼지는 미세 플라스틱으로 만드는 사람과 입는 사람에게 불편함을 초래했다. 그것들은 호흡기를 통해 체내로 들어갈 수 있어서 위험하다. 미세 플라스틱 먼지는 세탁을 해도 끝이 없이 나온다는 사실도 나중에 알았다.

   예전에는 예쁜 옷, 독특한 옷, 브랜드 옷을 좋아했고 이런 것들이 옷을 선택하는 기준이 되었다. 조금 불편해도 몸매가 예뻐 보이는 핏을 찾았고, 예쁜 색들을 찾았다.
   그러나 옷을 입어 보고, 만들고, 입혀 보면서, 옷에 대한 생각이 바뀌기 시작했다.

'옷은 무조건! 몸에 좋아야 한다.'

   결국 자신 있게 준비했던 첫 번째 아이템은 접기로 했다.
   처음부터 다시 생각했다.

'입는 사람, 만드는 사람 모두가 건강해야 한다.'

   조금 덜 예쁘더라도, 조금 부족하더라도 우리의 몸을 먼저 생각해야 한다. 유써니*디자인의 철학이다.

'옷이 좋으면 세상도 좋아진다.'

YOU*SUNNY '봄 햇살처럼 빛나는 당신'

유쎠니는 미니멀리즘 철학으로 지속 가능한 패션✤을 추구하며 미래의 의생활을 제안한다.

입는 사람, 만드는 사람 모두가 건강해야 한다는 신념과 사람과 자연에 이로우며 의미 없이 소비되고 버려지지 않는 것–유행이나 일회성으로 소모되는 것이 아닌 오랫동안 우리 곁에 두고 싶은 것을 만들겠다는 마음으로 시작되었다.

그리고 유쎠니의 이러한 철학과 사명감이 응축된 결과물 '유쎠니*커버'가 탄생되었다.

✤ 생산 및 소비 과정 전반에 걸쳐 환경적 책임, 윤리적 노동 관행, 사회 복지를 우선시하는 의류 생산

옷 위에 입는 옷: 유써니*커버⁺

'옷 위에 입는 옷'이라는 세상에 없던 개념의 옷으로, 옷 위에 커버 형식으로 입는 옷이다. 항균, 생활방수, 보온, 자외선 차단 기능이 있는 친환경 재료를 사용하여 일상의 유해환경으로부터 우리의 몸과 옷을 보호하기 위해 고안된 제품이다.
 이 옷은 외출할 때 외투 위에 입어 옷을 보호하는 용도로 사용할 수 있다. 이 옷을 옷 위에 입으면 옷을 깨끗하게 입을 수 있기 때문에 세탁횟수가 줄어든다. 따라서 세제로 인한 환경오염을 줄이고 돈, 시간, 에너지를 절약할 수 있다. 비옷, 바람막이, 비치웨어, 캠핑용 아우터 등 다양한 용도로 사용이 가능하다.

 유써니*커버는 지속 가능한 의생활을 위해 개발한 아이템이다.
 인체에 해가 없고 재활용이 가능한(수명이 다 해 버릴 때도 쓰레기가 되지 않는) 친환경 소재를 사용하고, 제로 웨이스트(만들 때도 쓰레기가 나오지 않는)를 실천한 환경친화적 디자인으로 특허청 디자인 등록을 완료한 생활 발명품이다.

 2022 대한민국 세계여성발명왕 엑스포에서 은상과 동상을 수상했다.

◦ 청결과 위생에 대한 약간의 강박 증세가 있고, 유해 물질에 민감한 체질인 나는 유써니*커버 없이는 외출할 수 없다.

✧ 유써니*커버 인스타그램 @yousunny_cover

소통

유써니*프로젝트 - 코로나19 극복 의생활 캠페인

*

영화의상 디자인은 친환경적인 디자인이다. 영화의상은 캐릭터 하나하나를 위한 디자인을 한다. 입는 사람: 캐릭터(배우)와 소통하며 디자인하고 그를 위한 단 하나만을 만든다(대량생산을 하지 않는다). 그리고 존재하는 것(이미 생산된 것)을 사용한다.

영화에 사용한 옷들은 폐기 처리하지 않는다. 사용 후에는 업사이클링으로 옷의 가치 순환을 실천한다. 다음 영화를 할 때 재조합과 리디자인 작업을 거쳐 새로운 캐릭터 의상으로 탄생된다. 버려지는 것도, 재고도 없다. 쓰레기가 아닌 작품이 된다.

주인공이 착용했던 주요 의상은 '한국영상자료원'의 보존 프로그램을 통해 잘 관리되고 있다.

이런 점에서 영화의상은 지속 가능한 옷이라고 할 수 있다.
나의 개인 옷도 모두 영화의상으로 쓰인다.
나의 옷은 생필품이자 자산이다.

소통

나의 지속 가능한 의생활

○ 기본에 충실한 옷을 입는다.
기본에 충실한 옷은 편안하다. 싫증나지 않는다. 시간을 초월한다. 특정한 목적에 구애받지 않는다. 캐주얼한 만남이나 공식적인 자리 모두 어울린다.
기본에 충실한 옷은 몸에도 좋다. 옷감이 좋고 핏이 좋다. 디자인이 좋다.

○ 좋은 옷을 사서 오래 입는다.
좋은 옷은 오래 입을 수 있다. 수량보다 품질을 우선시 한다. 그래서 하나를 사더라도 좋은 것을 사려고 한다. 조금 비싸더라도 오히려 경제적이다. 좋은 옷은 내구성도 좋아 소비를 줄인다. 아껴 입고 소중히 다루게 된다. 곱게 입고 잘 관리한다. 좋은 옷은 시간이 지나도 싫증나지 않는다. 당연히 버릴 일도 없어 의류가 폐기물이 되는 것을 최소화할 수 있다. 내 옷이 쓰레기가 되는 것이 싫다.
시간이 지날수록 좋은 옷은 가치가 생긴다.

○ 관리가 편한 옷을 입는다.
편하면서 견고한, 신축성이 있고 구김이 잘 가지 않는 소재, 세탁, 관리가 편한 옷, 계절의 영향을 받지 않는 전천후 소재로 만든 실용적인 옷을 입는다.

◯ 깨끗하게 입는다.
 옷을 깨끗하게 입으면 세탁을 최소화할 수 있다. 세탁을 최소화하면 세제를 적게 쓸 수 있다. 친환경 세제를 사용하고 섬유 유연제를 사용하지 않는다. 옷의 수명이 길어진다.

◦ 옷의 수명이 길어지는 세탁법.
· 비슷한 소재끼리, 색끼리 분리해서 세탁한다.
· 오염 정도를 분리해서 세탁한다.
· 같은 아이템끼리 세탁한다.
　　속옷은 속옷끼리, 수건은 수건끼리,
　　상의는 상의끼리, 하의는 하의끼리,
　　양말은 양말끼리.

◯ 좋은 옷걸이를 사용한다.
 좋은 옷걸이는 옷을 보호하고 옷의 형태를 손상시키지 않아 옷의 수명을 연장시킨다. 좋은 옷걸이는 옷을 관리하기 편하며 효율적이다. 좋은 옷걸이는 디자인이 좋다. 좋은 재료를 사용해 견고하다. 고장 나서 버릴 일이 없다. 좋은 옷걸이는 가격이 비싸지만 반영구적으로 쓸 수 있기 때문에 오히려 경제적이다.
 옷걸이는 소모품이 아니다.

◯ 브랜드 철학을 본다.
 만든 사람의 철학과 제품 뒤에 숨어있는 스토리-브랜드 컨셉에 공감이 가는 브랜드 옷을 입는다.
 브랜드 컨셉은 브랜드의 색깔, 정체성을 나타낸다. 컨셉을 보면 그

브랜드가 무엇을 중요하게 생각하는지 알 수 있다.

    브랜드의 철학이 없으면 아무리 제품이 좋아도 구매하지 않는다.
    좋아하는 브랜드는 오리지널한 컨셉을 가진 브랜드다. 독자적인 색깔을 가지고 있는 브랜드를 좋아한다. 오리지널 브랜드는 확고한 컨셉과 일관된 체계가 있다.
    다른 브랜드를 따라해 아류 느낌이 나는 브랜드는 좋아하지 않는다. 그런 브랜드는 매력이 없다. 그러나 아류만의 특유한 색을 구축했다면 인정한다.
    오리지널 브랜드와 따라 한 브랜드의 차이는 고급스러움에 있다. 같은 가격 비슷한 디자인이어도 오리지널이 좀 더 고급스러운 느낌이 있다. 디테일적인 부분에 차이가 있다. 옷감에서 차이가 나는 것도 아니고 봉재나 다른 기술에서 차이가 나는 것도 아닌데 미묘한 차이가 난다.

*

얼마 전 글로벌 유명 브랜드 가방의 원가가 8만원이라는 뉴스 보도가 나왔다. 그 가방은 몇백만 원이나 하는 명품이었다. 가방을 생산하는 하청업체 공장은 열악했다. 노동자들은 밤샘근무와 휴일근무 등 장시간 노동에 시달린 것으로 드러났다. 24시간 공장이 돌아갈 수 있도록 작업장에서 잠을 잤으며, 작업 속도를 높이기 위해 기계의 안전장치도 제거되어 있었다고 한다. 노동자 대부분은 회사와 정식 고용계약도 체결하지 않은 중국이나 필리핀 등에서 온 불법 이민자들이었다.

명품을 선호하지는 않지만 명품의 가치는 인정한다. 하나쯤은 가지고 있어도 의미가 있다고 생각한다.
　　명품은 친환경적이다. 오랜 세월이 흘러도 가치가 있어 버려지지 않는 물건이기 때문이다. 명품은 대를 물리기도 한다. 시간이 지난 명품은 희소가치가 생긴다.
　　그러나 대량으로 소비되는 요즘 명품은 패스트패션과 다를 바가 없다. 가업의 형태로 소량을 한 땀 한 땀 정성들여 생산하던 명품 회사가 거대 기업이 되면서 명품의 의미가 퇴색되었다.

*

패딩에 대해서 생각해 본다. 겨울에 너무나 유용한 옷이다. 그러나 방송에서 패딩에 들어가는 오리 또는 거위 털을 수집하는 과정을 보고 놀라지 않을 수 없었다. 털을 깎거나 미는 것이 아니라 산 채로 그냥 잡아 뽑아 살에서 피가 철철 나는 것이었다.

그렇게까지 해서 입어야 할까?

생존을 위해서 동물을 살생하는 것은 자연의 이치(섭리)지만 대체재가 존재하는데 조금 더 나은 것을 취하려는 욕심 때문에 다른 생명체를 괴롭히는 일은 하지 않았으면 한다. 오리털과 거위털을 대체할 수 있는 인조 솜으로 만든 보온성이 뛰어난 패딩이 나온 것은 다행이다.

거리엔 온통 올록볼록 패딩 물결
너 나 할 것 없이 롱패딩
상점마다 빽빽하게 걸려있는 롱패딩
저게 다 팔릴까 하는 걱정 쓸데없는 걱정
그 속에 있는 오리걱정 거위걱정

입을까 말까
입어야 하나
말아야 하나
입어도 되나

소통

미래의 옷

미래는 어떤 옷을 입게 될까?
SF 영화에서 나오는 옷들일까?

미래의 옷은,
역동적으로 진화된 옷이어야 한다.
의생활의 혁신을 이루는 옷이어야 한다.

· 아름다움과 기술이 융합된 옷
· 다양한 기후에 대처하는 옷
· 미래 생활의 요구사항을 충족하는 옷
· 자연 재해, 재난으로부터 완벽하게 보호되는 옷
· 자연에 해를 끼치지 않는 옷
  : 염료나 표백제를 사용하지 않는 자연 그대로의 옷감

● 아이디어
· 세탁이 필요 없는 옷
· 한 번 입고 버리는 옷
  : 버리면 땅의 양분이 되는 재료
  : 산화 되는 재료
  : 물이 되는 재료
· 시간이 지나면 자연 소멸되는 옷

．
．
．
．
．
．
．
．
．
나뭇잎

유쎠니•커버

에필로그

몸

몸

옷은 몸이 있어 존재한다. 몸을 위해 존재한다. 하루 한 번 자신의 몸을 본다. 반듯한 자세로 섬세하게 구석구석 관찰한다. 탄력이 사라진 몸, 거칠어진 피부, 흉터들……. 보듬어 사랑한다. 타고난 몸. 소중한 나의 몸. 각양각색의 몸. 모든 몸은 자기에 맞게 만들어졌다. 얼굴과 체형은 개성이다.

    아름다운 몸이란 무엇인가? 팔등신. 34-24-34. 낡은 관념. 모든 몸은 빛이 난다. 배가 나와도. 목이 짧아도. 다리가 굵어도. 엉덩이가 납작해도. 건강한 몸. 모두의 몸은 가치가 있다. 내 몸을 아끼고 사랑한다.

자세

바른 자세. 좋은 자세. 편안한 자세. 당당한 자세. 활기찬 자세. 구부정한 자세. 무기력한 자세. 보기 싫은 자세.

    바른 자세는 품위가 있다. 좋은 자세는 스타일의 완성. 멋진 옷도 자세가 나쁘면 소용없다. 얼굴이 예뻐도, 몸매가 좋아도 옷 태가 안 난다. 얼굴이 예쁘지 않아도. 몸매가 좋지 않아도 자세가 바르면 스타일이 난다. 옷을 대하는 자세. 옷을 받아들이는 태도는 옷보다 중요하다.

에필로그

표정

옷에 따라서 표정이 달라진다. 귀여운 옷을 입으면 귀여운. 섹시한 옷을 입으면 섹시한. 단정한 옷을 입으면 단정한. 마음에 안 드는 옷을 입으면 표정이 일그러진다.

    찡그린 표정. 어두운 표정. 화난 표정은 안 예뻐 보인다. 웃는 표정. 밝은 표정. 온화한 표정. 표정이 좋으면 옷도 예뻐 보인다.

    좋은 표정을 보면 기분이 좋다.

눈빛

눈의 표정. 시선의 표정. 사람을 사로잡는 강력한 도구. 눈빛에는 생각이 담겨 있다. 눈빛은 마음이다. 눈빛은 매력을 발산한다. 눈빛 하나로 마음을 빼앗는다. 눈빛 하나에 모든 걸 빼앗긴다.

처음 본 그날

너의 시선
나를 바라보는
너의 눈빛
문득 문득
느껴지는
따뜻한 눈빛
문득 문득
다가오는
간절한 눈빛
사랑스런
너의 눈빛
빠져드는
너의 그 눈빛

에필로그

맺음말

언니와 나, 동생은 영화광이었던 아빠 덕분에 아주 어릴 때부터 영화를 보면서 자랐다. 매주 주말에는 텔레비전에서 방영하는 토요명화, 주말의 명화를 가족들과 다함께 모여서 봤다. 극장에서 처음 본 영화는 1973년 단성사에서 개봉한 영화 <007 죽느냐 사느냐>(1973, 가이 해밀턴 감독)였다. 미성년자 관람불가였지만 아빠는 다섯 살이었던 나를 데리고 갔다(그때는 어른이 동반하면 들어갈 수 있었다). 좌석 없이 아빠 무릎에 앉아 보면서 잔인하거나 폭력적인 장면이 나오면 의자 밑으로 숨곤 했던 기억이 난다. 아빠가 퇴직을 하고 비디오 대여점을 했는데, 방학 때면 하루에 7~8편씩 비디오테이프를 쌓아 놓고 영화를 봤다.
　의상 디자이너가 꿈이었기에 의상디자인 전공을 했고, 대학 졸업반 때 우연한 계기로 <세상 밖으로>(1994, 여균동 감독)의 의상을 맡으면서 영화에 첫 발을 들였다. 옷과 영화는 나에게 필연이자 숙명이었다.
　나는 지금까지 인생의 거의 전부를 옷과 영화와 함께 살아왔다.

　나와 가장 가까운 옷 이야기를 해보고 싶었다.

　이 책은 아빠의 유품인 장 도르메송의 철학 소설 『거의 모든 것에 관한 거의 아무것도 아닌 이야기』(1997, 유정희 옮김, 문학세계사)에서 영감을 얻었다.
　글의 시작은 아빠와 옷에 관한 기억이다.
　나는 형제자매 중에 아빠를 가장 많이 닮았고 아빠의 영향을 가장 많이 받았다. 끊임없이 생각하고, 돌아가시기 전까지 책을 쓰고 싶어 하셨던 아빠를 생각하며 이 글을 썼다.

    이 글을 쓰기 시작한 것은 2016년 3월쯤이다. 아빠가 돌아가신 이듬해다. 일주일 만에 목차와 초고를 쓰고는 다른 일들을 하느라 잠시 잊고 있었다. 머릿속에서 계속 꺼내 봐야지 하는 마음만 가지고 오래 묵혀 두다 지난해가 되서야 본격적으로 쓰기 시작했다.
    혼자 긴 시간 동안 이 글을 붙잡고 있으면서 언제쯤 마침표를 찍을 수 있을지 막막했는데 마침내 끝을 맺게 되었다.

    실토하자면, 감성적이지 못한 T성향이라 에세이 형식의 글을 쓰는 것이 쉽지 않았다. 내 방식대로 글을 써 내려갔다. 그러다 스스로 만든 개념과 논리에 길을 잃고 헤매기도 했다. 어제와 오늘의 생각이 달랐다. 매일매일 새로운 생각이 떠올랐다. 그러다 지쳐 미궁 속으로 빠져들기도 했다.

    이 책은 시, 에세이, 토막글, 창작 노트 등 노트북에 오랫동안 묵혀 두었던 글들과 평소 종이에 끄적거려 놓은 메모들을 모아 자유롭게 엮은 것이다.
    생소한 글에 공감하지 못할 수도 있겠지만 너그러운 마음으로 이해해주길 바라며, 아무것도 아닌 이야기일 수도 있는 이 글을 읽으면서 잠시 놓치고 있던 삶의 중요한 부분들을 발견하게 되었으면 좋겠다.

*

    이 책은 한국최초의 영화의상 전문서인 『영화의상 디자인』(2009, 커뮤니케이션북스)과 『영화의상』(2013, 커뮤니케이션북스), 『영화의상 디자인(개정판)』(2017, 커뮤니케이션)에 이은 나의 세 번째 책이며, 새로운 분야에 도전하기 위해 만든 독립출판사 '오월의 여왕'에서 출간하는 첫 번째 책이다.
    '거의 아무것도 아닌 이야기' 시리즈로 기획한 이 책을 시작으로 흥미롭고 다채로운 책들을 만들 예정이다.

    이 책이 마무리될 수 있도록 힘이 되어 주신 여러 분들께 감사의 인사를 전한다.

    가볍게 생각했던 교정 작업이 끝도 없이 진행되었다. 나의 이상한 논리에 이성적인 판단으로 방향을 잡아주고, 지치지 않고 끝까지 열정을 다해 교정과 교열을 맡아 애써준 박성희에게 진심으로 고마운 마음을 전한다. 마음 편하고 유쾌한 작업이었다.
    변덕스런 나의 취향에 맞춰 마음에 들 때까지 힘든 내색 하지 않고 성실하게 작업해 멋진 표지와 로고를 디자인한 이채원 디자이너에게 고마운 마음을 전한다.
    책을 쓰느라 지난 가을에 작업했던 영화의 촬영 현장에 자주 가보지 못한 나를 이해해주고 홀로 현장을 지켰으며, 이 책에 관심을 가지고 모니터하고 가장 가까이에서 힘이 되어 준, 그리고 편집 디자인을 맡아 준 나누리 디자이너에게 미안함과 고마운 마음을 전한다.

맺음말

이 책의 초고부터 책이 나오기까지 큰 힘이 되어준 '9월의 햇살' 최경진 대표에게 진심으로 감사한 마음을 전한다.

바쁜 시간을 내어 모니터해 준 분들에게도 감사의 인사를 전한다.

책의 시작부터 버전이 바뀔 때마다 매번 관심 있게 읽고 충언해 준 김정희 님, 작가의 감성으로 성의를 다해 모니터 해주며 응원을 아끼지 않았던 하영준 작가, 예리한 시각으로 첨삭까지 해준 이재찬 작가에게 감사의 인사를 전한다. 모두의 모니터링은 많은 도움이 되었다.

책을 쓰느라 신경 쓰지 못했던 사랑하는 가족에게 감사의 마음을 전한다. 이 책은 아빠를 위한 책이지만 '거의 아무것도 아닌 이야기' 시리즈의 다음 편은 음식을 소재로 한 엄마를 위한 책이 될 것이다.

*

이 책이 나올 수 있도록 응원해주신 텀블벅 크라우드 펀딩 후원자님들께 진심으로 감사의 마음을 전한다.

강정엽, 김남석, 김도혜(크레타), 김민철, 김은주(코랄), 김재아, 김재록, 김태영, 나누리, 노주현, 류아벨, 박선지, 박성희, 박정오, 박정윤, 박지연(jiji), 배윤경, 백재호, 송종희, 신동일, 신민식, 신젬마, 양태정, 오수진, 오은미, 유상훈, 이경원, 이재찬, 이제희, 이호승, 임사여, 임승희, 이지은, 정연경, 제은희, 조은정, 최경진, 최세연, 최정, 최지현, 하영준, 한동수, 한제윤

(가나다순)

후원해 주신 모든 분들께 진심으로 감사드립니다.

저자소개

김유선
    1969년 5월 서울에서 태어났다.
    30년간 60여 편의 한국 상업영화의 캐릭터 스타일을 창조했다.

    "영화의상은 캐릭터를 완성하는 시각예술이며 독립적인
영상언어다. 의상디자이너는 인간을 이해하고 그 삶을 의상에
고스란히 담아내야 한다."

    영화 마니아로서 작품을 대하는 진정성과 영화의상에 대한 남다른
철학, 특유의 감각으로 독자적인 스타일을 구축해 왔다. 의상의 디테일
하나하나에 의미를 부여해 캐릭터에 진정성을 불어넣으며, 캐릭터를
창조하는 영상언어로서 의상의 예술적 가치를 높이기 위해 끊임없는
창조 작업을 하고 있다.

    디자이너의 책임의식을 가지고 2019년 사람과 지구를 생각하는
지속 가능한 브랜드 YOU*SUNNY 론칭, 지속 가능한 의생활을
제안하는 친환경 의류 '옷 위에 입는 옷' 유써니*커버를 창조했다.
    나아가 옷, 음식, 사랑 등 삶의 중요한 것들에 관한 이야기로
소통하고자 한다.

- <살인의 추억>(2002, 봉준호 감독), <카트>(2014, 부지영 감독), <정직한 후보1, 2>(2020, 2022, 장유정 감독), <오마주>(2022, 신수원 감독), 등 30년간 60여 편의 한국 상업영화 의상감독으로 참여했다.

- 2022년 1월부터 영화의상디자이너 후배 양성을 위한 멘토링 CNF코스를 개설하여 의상디자인 멘토링 수업을 진행하고 있으며, 한국예술종합학교 영상원(예술사, 전문사), 한국영화아카데미(KAFA), 영화영상 프로덕션 디자인 캠퍼스 파파(PaPA)에서 영화연출자 및 프로덕션디자이너 지망생을 대상으로 영화의상디자인 강의를 하고 있다.

- 저서로 『영화의상 디자인』(2009, 커뮤니케이션북스)-한국 최초의 영화의상디자인 전문서, 『영화의상』(2012, 커뮤니케이션북스), 『영화의상 디자인 개정판』(2017, 커뮤니케이션북스)이 있다.

- 2024년 3월 5일부터 4월 6일까지 한국영상자료원 시네마테크 전시실에서 「김유선 의상감독 영화의상 디자인작업 전시」를 했다.

- 유써니*커버로 2022년 대한민국 세계여성발명왕 엑스포 은상과 동상을 수상했다.

- 2022년 대중문화예술 제작스태프대상 문화체육관광부장관 표창상을 수상했다.

영화의상 작품목록

<문경>(2024, 신동일 감독), <정직한 후보2>(2022, 장유정 감독), <오마주>(2022, 신수원 감독), <정직한 후보>(2020, 장유정 감독), <나를 구하지 마세요>(2020, 정연경 감독), <젊은이의 양지>(2020, 신수원 감독), <애월>(2019, 박철우 감독), <사라진 밤>(2018, 이창희 감독), <어느날>(2017, 이윤기 감독), <특별수사: 사형수의 편지>(2015, 권종관 감독), <미안해 사랑해 고마워>(2014, 전윤수 감독), <좋은 친구들>(2014, 이도윤 감독), <카트>(2014, 부지영 감독), <캠퍼스S커플>(2014, 송창용 감독), <더 파이브>(2013, 정연식 감독), <고양이 소녀>(2013, 최경진 감독), <더 웹툰: 예고살인>(2013, 김용균 감독), <노리개>(2013, 최승호 감독), <남쪽으로 튀어>(2012, 임순례 감독), <무서운 이야기-앰뷸런스>(2012, 곡사 감독), <두 개의 달>(2012, 김동빈 감독), <두 번의 결혼식과 한번의 장례식>(2012, 김조광수 감독), <원더풀 라디오>(2011, 권칠인 감독), <의뢰인>(2011, 손영성 감독), <화이트>(2011, 김곡, 김선 감독), <아이들>(2011, 이규만 감독), <달빛 길어 올리기>(2010, 임권택 감독), <탈주>(2010, 이송희일 감독), <시크릿>(2009, 윤재구 감독), <구세주2>(2009, 황승재 감독), <핸드폰>(2009, 김한민 감독), <방독피>(2009, 김곡, 김선 감독), <지금, 이대로가 좋아요>(2008, 부지영 감독), <만남의 광장>(2007, 김종진 감독), <수>(2007, 최양일 감독), <올드미스 다이어리>(2006, 김석윤 감독), <우리에게 내일은 없다>(2006, 노동석 감독), <분홍신>(2005, 김용균 감독), <라이어>(2004, 김경형 감독), <신부수업>(2004, 허인무 감독), <해피 에로 크리스마스>(2003, 이건동 감독), <살인의 추억>(2003, 봉준호 감독), <미소>(2002, 박경희 감독), <후아유>(2002, 최호 감독), <욕망>(2001, 김응수 감독), <버스, 정류장>(2001, 이미연 감독), <오! 수정>(2000, 홍상수 감독), <연풍연가>(1999, 박대영 감독), <해가 서쪽에서 뜬다면>(1998, 이은 감독), <퇴마록>(1998, 박광춘 감독), <그들만의 세상>(1996, 임종재 감독), <엄마에게 애인이 생겼어요>(1995, 김동빈 감독), <돈을 갖고 튀어라>(1995, 김상진 감독), <마누라 죽이기>(1994, 강우석 감독), <너에게 나를 보낸다>(1994, 장선우 감독), <세상 밖으로>(1994, 여균동 감독)

저자소개

옷에 관한 거의 아무것도 아닌 이야기

ⓒ 김유선 2025

초판발행 2025년 3월 20일
지은이 김유선
교정·교열 박성희
디자인 나누리, 이채원
그림 김유선
펴낸이 김유선
펴낸곳 오월의 여왕
출판등록 제2022-000209

E-mail : queenofmay2025@gmail.com
ISBN : 979-11-988127-0-4(03590)

이 책의 저작권은 오월의 여왕에 있습니다.
저작권법에 의해 한국 내에서 보호를 받는 저작물이므로 무단전제와 무단복제를 금합니다.
이 책의 내용을 일부 또는 전부를 사용하고 싶으면 저작자와 출판사의 허락을 받아야 합니다.
책값은 뒤표지에 있습니다. 잘못된 책은 구입하신 곳에서 교환해 드립니다.

오월의여왕
오월의 여왕은 삶의 가치를 찾아 찬란하게 피어납니다.